林徽因

坠入人间的天使

陈琅语 著

天津出版传媒集团
天津人民出版社

图书在版编目（CIP）数据

林徽因：坠入人间的天使 / 陈琅语著．—天津：天津人民出版社，2017.12

ISBN 978-7-201-12361-5

Ⅰ．①林…　Ⅱ．①陈…　Ⅲ．①林徽因（1904–1955）—传记　Ⅳ．①K826.16

中国版本图书馆CIP数据核字（2017）第218026号

林徽因：坠入人间的天使

LiNWEIYIN ZHUIRURENJIAN DE TIANSHI

出　　版　天津人民出版社
出 版 人　黄　沛
地　　址　天津市和平区西康路35号康岳大厦
邮　　编　300051
邮购电话　（022）23332469
网　　址　http://www.tjrmcbs.com
电子信箱　tjrmcbs@126.com

责任编辑　王昊静
装帧设计　一个人·设计

印　　刷　北京溢漾印刷有限公司
经　　销　新华书店
开　　本　880×1230毫米　1/32
印　　张　8.5
字　　数　210千字
版次印次　2017年12月第1版　2018年5月第2次印刷
定　　价　39.80元

前言
Preface

过往的岁月是极好的，沙漏是静止的，流沙的速度却从未减慢过。往事如烟，烟雨朦胧的苏州却诞生了一位奇女子，她温婉多情、冰雪聪明，和她有关的往事丝毫没有因为时光的流逝而变得模糊，她就是林徽因。

雾都伦敦，她邂逅了一场康桥之恋，认识了旷世奇才徐志摩，他以为深情的等候就可以换回一段旷世之恋，只可惜不过浮生梦一场；携手梁思成走过了万水千山，直到白首，情比金坚；金岳霖终身不娶，痴心守候一生。

她优雅的气质让无数人为之侧目；佳人情愫，痴缠的感情让无数人想要探究；奇特的才思，敏锐的智慧让无数人自叹不如。然而，留在人们记忆深处的仍然还是“一身诗意千寻瀑，万古人间四月天”的诗篇。她将满腹深情倾注在字里行间，让无数人为之惊叹。

著名思想家、文学家、哲学家胡适称林徽因为“中国一代才女”；和她有些过节的才女冰心也说她“很美丽，很有才气”；近代著名作家、戏剧家李健吾说她“既耐得住学术的清冷和寂寞，又受得了生活的艰辛和贫困”；诗人、文学评论家、翻译家卞之琳说她“天生是诗人气质、酷爱戏剧，也专学过舞台设计，却是她的丈夫建筑学和中国建筑史名家梁思成的同行，表面上不过主要是后者的得力协作者，实际却是他灵感的源泉”……

诸多知名人士对她的才气和美丽赞不绝口，这也更印证了她在文学和建筑学方面的成就。因为她是美人、是才女，众人看过去，仿佛坠落人间的天使，似乎世界上所有的美好都在一瞬间落在了她的身上。在民国时期，有才的女子不乏其人，但有才的美女却并不多。冰心曾说过：“林徽因俏，陆小曼不俏。”美人陆小曼都不能入冰心的眼，虽然冰心一直对林徽因心存芥蒂，可仍然忍不住赞美她一句。凌叔华虽然也不愿意赞美林徽因，但仍然说了一句：“可惜因为人长得漂亮又能说话，被男朋友们宠得很难再进步。”就连梁思成的第二任妻子林洙也说：“我承认一个人消瘦到她那样很难说是美人，但是即使是到现在我仍旧认为，她是我一生中所见到的最美、最有风度的女子。”

女子出尘脱俗的娟美容颜应该引以为傲，不过林徽因对此却不以为然，她曾说过：“真讨厌，什么美人、美人，好像女人没有什么事可做似的，我还有好些事要做呢！”她从北京胡同的“太太的客厅”，到西南联大和丈夫梁思成一起脱坯和泥筑建的房屋，再到她被病痛折磨五年封闭却仍旧钻研建筑的李庄生涯，一步步走得铿锵、热烈而哀艳，让人钦佩！

时光微凉，在那一场被往事浸泡的岁月里，我们在青石小巷的转角邂逅了独倚幽窗的她，穿透屋檐的光亮，依然清晰地看到她历经流年透露出来的安然。

目 录
Contents

第五章　不忘初心：一半清凉，一半沸腾

第六章　风华绝代：韶华点亮夜空

第一章

豆蔻年华：岁月静好

错综复杂的林家

虽然林徽因的祖籍是福建闽县（现今的福州），但是林徽因在《纪念志摩去世四周年》一文当中称杭州是她的“一半家乡”。这份“故乡情”和她自幼出生在杭州有关，但更重要的是祖父给予她的恩情。“徽因”就是祖父为她取下的。

中国有句俗语：上有天堂，下有苏杭。最为著名四大才子——唐伯虎、祝枝山、文征明、徐祯卿也都是江南人士。

1904 年 6 月 10 日，晴天丽日，林徽因出生在浙江杭州陆官巷的祖父林孝恂的家中。“徽因”二字原本是“徽音”，是按照诗经所取，《诗经》曰：思齐大任，文王之母。思媚周姜，京室之妇。大姒嗣徽音，则百斯男。其祖父便取其中“徽音”二字为她命名，寄希望她可以如明镜般美好。直到 1935 年，林徽因开始在报纸和杂志上发表文学作品，为了和当时一个叫“林微因”的男性作家把名字分开，改“徽音”为“徽因”。

小徽因的祖父林孝恂是个勤勤恳恳的知识分子，有着一身的铮铮傲骨，不愿与世俗同流合污。林氏早年间是福建一带的名门望族，只可惜后代人不思进取，终致家道中落，沦为布衣，林孝恂甚至曾经到富人家中做过家塾先生。

儿子林长民曾说过："爹在别人家教读，与年所入不过数十千制钱，家计贫苦"，虽然如此，微薄的收入也无法支付全家的开销。

家族的衰败让林孝恂看透人情冷暖世态炎凉，孩子们可怜巴巴的小脸浮现在他眼前，他夜以继日挑灯夜读，为的就是发扬门楣。功夫不负有心人，林孝悌一举考取了进士，和康有为通科，之后在翰林院任编修，终于闯出了属于自己的一片天地，摆脱了捉襟见肘的生活，让林家再度迎来辉煌。

当时考虑到自己家境寒微，在京为官压力大，于是有意请求外放。所以，在翰林院年度甄别考试时故意写错一个字，在当时，可以入翰林院的一定是有真才实学的人，这种事根本不可能发生，出现此类情况，通常是暗示上级官员自己有离京之意。之后林孝恂离京来到南方，担任金华、海宁等地方官长，最后落居杭州，任杭州知府。林孝恂虽然是封建旧朝的官员，但为人开明。晚清时期，社会风气逐渐开放，林孝恂更是中外兼学，注重后辈教育，而且男女不分。

经历了这么多事之后，让林孝恂深知读书的重要性，他鼓励子孙们不断读书，多到外面的世界走走、看看，只有从井底走出去，才知道当时的自己是多么渺小。

林孝恂非常支持自己儿子林长民的决定，而且在他的争取下，把林长民送到国外读书。林长民没有辜负父亲的期望，从日本早稻田大学毕业后投入官场，他的才华和胆略在众多同僚中受到了推崇。但是，林长民和父亲一样，不愿意和贪官污秽同流合污，性格高傲，导致林长民最终未能完全实现自己的政治理想。

林长民一共娶了三房妻子，原配叶氏和林长民指腹为婚，但是还没来得及给他留下儿女就去世了。之后林长民续娶何雪媛，她为林长民生下两女一子，后来的幼子和幺女接连夭折，只有长女林徽因长大成人。何雪媛虽然容貌甚佳，可由于出身商贾小家，不善女工和持家，没文化，性情乖张，和林长民甚为不合，导致何雪媛嫁入林家十年都没能诞下男丁，林长民因此娶了第三房妻子——程桂林。

程桂林入门之后，为林长民诞下一女四子，深得林长民宠爱，这对林徽因的母亲何雪媛而言是沉重的打击，导致她的脾气更加暴烈，和女儿的关系也变得不和睦，给林徽因的童年留下了阴影。林徽因的儿子梁从诫在忆念母亲的文章中曾提道："她爱父亲，却恨他对自己母亲的无情；她爱自己的母亲，却又恨她不争气；她以长姊真挚的感情，爱着几个异母的弟妹，然而，那个半封建家庭中扭曲了的人际关系却在精神上深深伤害过她。"写得让人哀伤。但不管成长在怎样的环境下，林徽因的内心仍然保持着明媚。

小荷才露尖尖角

钟灵毓秀的江南水乡让无数文人骚客神往，小徽因与生俱来的貌美如花让无数人欣羡。林家本来就是书香世家，林徽因在祖父的影响下，更是信奉读书可以影响人的一生。从林长民这代开始，家里的孩子都要学习知识，而且还请来了国学大家林琴南，邀请外籍家教来教孩子们学习英语、日语，每当外籍教师前来授课时，林家府邸外就会聚集很多人观望。

林徽因看到肤色各异的外籍老师才明白，原来并不是每个人都是黄皮肤，黑眼睛，她经常跟在老师们身旁，问这问那，童言无忌让老师们啼笑皆非。当然，也正是由于这样的教育环境为林徽因打下了英语基础。

林徽因的童年和祖父母一起居住在杭州的蔡官巷，1909 年，徽因 5 岁，随着祖父母从杭州陆官巷迁居杭州蔡官巷的一处宅院。那里白墙黛瓦，院子里栽种着琵琶和海棠，是个非常美丽的居住之所。

此时的林家是个大家庭。对于林孝恂来说，可以说是儿孙满堂，林徽因和自己的表兄弟、表姐妹一起度过了童年时光。

除了出色的语言天赋，林徽因在写作上的成就也震撼了整个文学界，这也离不开一个人，她就是林徽因的姑姑——林泽民。林泽民是清朝末年远近闻名的大家闺秀，从小接受私塾的熏陶，诗词歌赋、琴棋书画无一不通，如花似玉，才华横溢的少女还未绽放就已经散发出迷人的美丽，上门提亲的人络绎不绝。出嫁后的林泽民经常回家长住，和姐妹们聚在一起。看着成群的孩子们，知书达理的她开始担任起教育孩子们的责任。

此时的林长民经常在外忙于政事，和林徽因在一起的时间非常少，她的身边只有母亲和二娘程桂林，以及众家亲戚。母亲的脾气很不好，和二娘不合，这让林徽因本该单纯善良的童年带着几丝灰暗。

1911 年，林徽因的祖母游氏因病去世。由于祖父身体欠佳，母亲不识字，弟妹年幼，姑母经常不在身边，林徽因便开始代替祖父给父亲家写信。

小徽因是个头脑灵敏的孩子，虽然上课时不怎么认真，可却是姐妹中背课文背得最快、理解最好的。下课之后，她还会和姑姑再学习一会儿。就这样，林徽因在一本本书籍之中吸收着知识，让她下笔如有神。林徽因异母弟弟林暄曾回忆："林徽因生长在这个书香家庭，受到了严格的教育。父亲不在时，由大姑母督促。大姑母比父亲大三岁，为人忠厚和蔼，对我们姊兄弟亲胜生母。"林徽因的姑母弥补了母亲性格、文化方面的缺陷，让林徽因的稍带灰暗的童年增了一分光彩。

林徽因 6 岁时染上了"水痘"，当时杭州人称它为"水珠"，这是很多小朋友都会得的一种病，很多小朋友得了"水痘"之后都会哭闹不止，可小徽因的脸上却始终挂着灿烂的笑容，在她看来"水珠"晶莹剔透，美则美矣，自己又为什么要讨厌它呢。小徽因在诗人般的情怀中一年年长大……

林徽因长得更像祖父林孝恂，特别是她那炯炯有神的眼睛，纯净而剔透，让这个本就粉雕玉琢般可爱的女孩更加楚楚可怜，惹人怜爱。众多姐妹之中，祖母最疼爱的就是林徽因。林家本就是书香门第，林孝恂的妇人也是名门之后，她温柔典雅，知书达理，陪着林家走过了最艰难的时期。当时“重男轻女”的风气虽然非常严重，但丝毫没有影响祖母对小徽因的疼爱，游氏甚至将小徽因从父母的身边要过来养在自己膝下，教她礼仪，给她辅导功课，好吃的好玩儿的都先记着她，这让堂姐妹们非常羡慕。

林徽因是个温婉而又智慧的女子，她从来没有因为祖母的宠爱而疏远其他姐妹，而是十分照顾姐妹们的感受，她经常会把祖母留给自己的东西与姐妹们一同分享，有时是几块新鲜的糕点，姐妹几个聚在一起品尝，格外香甜；有时是一本墨香，大家围坐在一起，听着她娓娓道来；还有时是一件儿稀奇古怪的西洋玩意儿，几个人一边研究，一边的嬉笑……即使后来，林徽因远赴国外，也仍然和自己的表姐妹们有着联系。

江南女子温婉多情，衣着素雅清新，可林徽因眼眸中的深邃和沉寂却是一种让人猜不透的神秘，不敢轻触，不敢直视。如花似玉般的娇弱女子却拥有着强大的内心，而这颗心那般晶莹剔透，易划伤，易破碎……

踏遍万水千山

当一个人看尽世间繁华，就会想要贪恋红尘，在取舍面前，很多人都在艰难抉择中误入歧途，半生的辉煌毁于一旦。当然，也有很多人傲骨流芳，声名远扬。

林长民从东洋留学回来之后，满腔热血，一心想要从政，改变中国的混沌局面。他进入内阁担任司法总长，和梁启超是同僚，二人常在一起畅所欲言，回忆当年留学时的场景，他们都希望可以施展自己的才华，为国家贡献一分力量。可惜的是，当时的中国政局很不稳定，高官腐败，一心为己，在这种情况下，再大的抱负也是没有意义的。拥护袁世凯称帝的张镇芳为了逃避自己的罪责，想用十万元巨款贿赂林长民削罪。林长民却一口回绝了他的要求，男子汉大丈夫刚正不阿，不会禁不住金钱的诱惑。虽然当时很多官员悄悄劝林长民收下贿赂，毕竟时局不稳定，什么事都不宜做得太绝，可林长民却不为所动。

正当大家私底下叹息林长民太过耿直的时候，他却毅然摔下了自己的乌纱帽，众官员一片哗然，有人甚至批评他不知好歹，可也有人力赞他的清正廉明。还有一位和他意见一致为其挺身而出的朋友就是梁启超。梁启超仗义执言，为林长民发声，不怕得罪当局。林长民的性格高傲不屈，见识长远。虽然林长民和梁启超并未同朝为官，但是二人之间却有着密切的联系，也正因如此，才会有梁思成和林徽因的一段佳话。

1919 年的一个明媚的午后，林徽因走进了方方正正的四合院中，此时，梁思成已经在座位上等候了。她轻轻掀开窗帘，看到了一个神采奕奕的青年男子，穿着一件合身的灰色长袍，鼻梁上架一玳瑁眼镜，俨然一副年轻知识分子的模样。林徽因的脸颊不自觉飞升一道红晕，她轻轻地低下了头。看着映入眼帘的女子，梁思成也是微微怔住了，修身的淡色旗袍，梳了一个淑女髻，给人的感觉温文尔雅。那一年，林徽因 14 岁，梁思成 17 岁。

虽然林长民和梁启超都想撮合这两个年轻人，可成家先要立业，况且感情的事还要看是否你情我愿。林长民和梁启超的思想都比较开放，他们的想法也达到了一致：让两个年轻人先相互了解一段时间，至于其他的事情以后再说。

第一次世界大战结束之后，中国成立了国联协会，林长民就是发起人之一，担任起协会总干事，作为国联事务负责人常驻伦敦。林长民再次远走他乡，这一次，他决定带着自己最疼爱的女儿林徽因一起走。他想让林徽因多观察各国事务，以增长见识；同时也希望林徽因能够领悟到他身上的胸怀抱负；第三是他希望林徽因可以远离家庭琐事，到外界扩大眼光，培养她的见解和能力。

苏州不过是中国的一块小地方，而他现在要带着林徽因走向全世界，大千世界的绚丽多彩让这个十六岁的姑娘充满了好奇。

4 月，林徽因随父亲一同到上海，登上了开往法国的邮船，一路海航的旅程给林徽因留下了非常深刻的印象。广阔的天空，一望无垠的大海。她站在船头的甲板上，眺望着大洋彼岸。就在这个时候，小小的她已经在心中立下誓愿，要成为这广阔天地间的特殊女子，不能庸庸碌碌地过一生。

5 月 7 日，邮船抵达法国，林长民父女却转道去了英国伦敦。居住在阿门二十七号。两个月后，林徽因开始和父亲一起漫游欧洲大陆，从巴黎到日内瓦，从罗马到柏林。

这个弱小的女子就在漫长的旅途中逐渐成长为铿锵热烈的样子。异国的风土人情让她感到惊诧。她注视着神秘的建筑，用细嫩的指尖轻拂着每一寸砖瓦，她的内心也在不断升华。原来在世界面前，大家都是那么渺小，就像手中的沙砾，随风消逝，不留痕迹。

期间，林长民并没有忘记对林徽因的教育，他第一时间给林徽因请来钢琴和英语老师，希望她能接受西方文化的熏陶，在短时间内融入英国的生活当中，在不知不觉中爱上这里。人生就该不断进取，只有迈向更高的台阶，才能知道自己曾经的羁绊是多么不值一提。此时，错综复杂的家庭关系、母亲无休止的责骂、家庭琐事等，都显得那么微不足道。眼前的红砖绿瓦，粉黛白墙足以让她淡忘过去的灰暗。

林长民生性热情好客，很多留洋时候结识的文人志士，得知他来到英国的消息时都不约而同来到他家，宽敞的客厅里是有着形形色色的人，大家聚在一起仍然和上学时一样，在政治形式和如今面临的问题上各抒已见。阳光洒在客厅的欧式沙发上，大批高谈阔论的学士们已经忘记了冒着蒸汽的茶水，他们三个一堆，两个一伙，正为了某个问题争论得热火朝天，一片热闹非凡的景象。林徽因却静静地站在一旁，面带微笑，听着他们的谈论。她虽然不怎么爱讲话，但却没人能忽视这个美丽的中国女子。

这群政客也让林徽因了解到了世界的广阔，他们那些意见不统一的言论在林徽因的心里埋下了异样的种子，开阔了她的视野，也革新了她的世界观。树叶随着微风轻轻摇曳，此刻的林徽因是幸福的，因为她虽然不清楚自己在何方，却已经触碰到了世界的另外一角，这是其他同龄孩子可望不可求的。

就在此时，一件偶然的事情吸引了林徽因的眼球，谁都没有想到，仅仅是几句不经意的话语却在林徽因今后的生活中翻起了惊涛骇浪。

与君初相识

林徽因经常去一个叫布莱顿的地方度假，朋友黛丝的妹妹还不足七岁，是个非常可爱的小女孩，每当大家在沙滩上休憩、玩耍的时候，黛丝的妹妹都会在一旁专注地用沙子堆城堡，她用肉乎乎的稚嫩小手捧起柔软的细沙，撒下一片金黄，落在了衣服、脸颊、头发上……城堡才刚刚堆出雏形，却坍塌了，只好重新来过。反复几次之后，小姑娘也没了耐心，撅着嘴喊自己的“工程师”姐姐来帮忙。林徽因感到有些诧异，问黛丝妹妹为什么叫她工程师，黛丝笑了笑回答道：“我最大的兴趣就是建筑，不同形状、不同色彩搭配出来的绚丽简直让人着迷。”林徽因当时并不太了解建筑，她反问道黛丝：“建筑不就是盖房子吗？”黛丝却笑着告诉她，盖房子只是它的表面，建筑更是一门学问、一门功课，它可以让你了解到怎么做才可以让房子看起来更加美观，让房子的形状看起来更舒服，它更是一门艺术。这是林徽因第一次听人这么解释建筑，也是从这个时候开始，林徽因对建筑有了新的认识并产生了兴趣。

她走遍了英国的大街小巷，查看那里的各式建筑，记录下它们的色彩、形状，回去之后查阅书籍，了解建筑的由来和历史。林徽因沉浸在其中，建筑仿佛打开了她看向世界的又一扇窗户，让她不断探索它们五彩斑斓的色彩，奇形怪状的搭建，颇值得人深究的搭配等。

和很多人相比，林徽因还是很幸福的，她的父亲林长民是个民主和开明的人，他从来不左右林徽因的所想所做，一般都是她想做什么就做什么，在某些时候，他还会给予女儿力所能及的帮助，比如利用自己的人脉带她去拜访建筑业的大家，休闲的时候带她去户外了解不同的建筑结构……在林长民的帮助和林徽因自己的努力下，她迅速在建筑方面有了一定的建树。

一个温暖的午后，林长民无意间遇到了徐志摩，特别是得知才华超众的徐志摩是梁启超的徒弟后，林长民对他的印象又好了几分，两个人都是性情中人，虽然没见过几面，却逐渐发展成了莫逆之交。林长民在和徐志摩交谈的过程中时常提到自己的掌上明珠——林徽因，“未见其人，先知其名”林徽因这个名字在他见到林徽因之前就已在心中生根、发芽。

外界都知道，徐志摩是文学界的诗人，他的才情震撼了无数人，可却没人理解这位豪情诗人背后的凄凉。徐志摩出生在一个富裕的家庭，父亲是个大银行家，他最初出国的时候想要通过学习实业来拯救危在旦夕的中国。父亲徐申如希望儿子可以子承父业，之后将他送到美国哥伦比亚大学留学。但几经辗转，访遍名师都没有什么成效，让他感到郁郁不得志。

徐志摩觉得自己的人生如同水中的浮萍，飘忽不定。一次偶然的机会，他翻看了罗素的书籍，开始崇拜罗素，决定放弃实业转从文学。家人虽然觉得惋惜，但也没有过多阻拦。徐志摩远赴伦敦，目的就是见见他心目中的大师罗素。当他来到伦敦，得知罗素由于某些原因被剑桥大学开除时，心头的激情之火瞬间被扑灭。正当他郁郁寡欢的时候，遇到了林长民。

这个时候的林徽因已经以优异的成绩考入了圣玛丽女子学院，而且已经在那里学习。徐志摩拜访多次之后才遇到这位旷世才女。听说有客人来家里，林徽因和以往一样给客人端送茶水，见到了风姿绰约的颇具才情的女子款款而来，徐志摩顿时惊呆，她那清纯的眼眸让徐志摩沦陷了，无法自拔，直到林长民轻声唤了他的名字，他才如梦初醒。那一见，徐志摩的心便随林徽因而去，无法自拔。

有些人，
天性倜傥风流。
一旦爱住，
管他春夏秋冬，
日居月诸，
时岁荣枯。

这一年，林徽因 16 岁，徐志摩 24 岁。不过这次的见面并未让林徽因对徐志摩有太多的印象，还以为他不过是父亲诸多的政客之一。但是经过一段时间的相处之后，林徽因却改变了自己对徐志摩的看法。

诗意的信仰

林徽因曾将伦敦的生活书信给沈从文 :“我独自坐在一间顶大的书房里看雨，那是英国的不断的雨。我爸爸到瑞士国联开会去，我能在楼上嗅到顶下层楼下厨房里炸牛鞭子同洋咸肉的味道，到晚上又是在顶大的饭厅里（点着一盏顶暗的灯）独自坐着，垂着两条不着地的腿同刚刚垂肩的发辫，一个人一面吃饭一面咬着手指头哭。理想的我老希望着生活有点儿浪漫的发生，或是有人叩下门走进来坐在我的对面同我谈话，或是同我坐在楼上炉边给我讲故事，最要紧的还是有个人要来爱我。我做着所有女孩做的梦，而实际上却是天天落雨又落雨，我从不认识一个男朋友，从没有一个浪漫而聪明的人走来同我玩——实际生活上所认识的人从来没有一个像我想象的浪漫人物，欲还加上一大堆人事上的纠纷。”

身居异国他乡，父亲和父亲身边的人终日忙碌于政事，她常常觉得自己被忽视。每天放学回家之后，她只能独自待在偌大的房间里，听着匆匆忙忙的脚步声，独自吃饭，独自发呆……徐志摩的出现填补了林徽因生活中的无聊和空虚。他们在一起海阔天空地聊天，隔阂消除之后，他们的感情迅速升温，少女那银铃般的笑声和成年男子的高谈阔论赶走了生活的无聊。他们经常一起抬头仰望漫天的繁星，讨论着未知的未来。

林徽因非常仰慕眼前这个谈吐不凡、英俊潇洒的大哥哥，她从徐志摩那里源源不断地汲取知识，就像一叶徜徉在海洋中的扁舟。徐志摩非常欣赏林徽因的灵性，她的眼波流转，不断拍击着他内心深处最柔软的地方。林徽因就像星星之火，而徐志摩就像广阔的草原，她瞬间就将徐志摩的浪漫情怀激发到了不可收拾的地步，他疯狂地想要把眼前的这个女子揉进自己的诗篇当中。从某种角度上来说，是林徽因造就了徐志摩留下的文学大作。但是单纯的林徽因还不知道眼前这个如师如友的男子已经迷恋她到了水深火热的地步。

此时的林徽因，不管是在诗歌方面还是在建筑方面都已初露头角。她是个天资聪颖的女子，再加上此时的她暂时忘记了家庭琐事，暂时忘记了孤寂，却始终没有忘记忽略世界那一刹那的惊喜和感叹，特别是接触到西方自由、奔放的文化之后，她更加清晰地认识到了另一个自己，一个和苏州城内大家闺秀完全不同的林徽因。

感情的事，说简单，因为它很多时候只是发生在一刹那，还没来得及反应；或是发生在不知不觉中，还没来得及体悟。说它复杂，是因为没人能说清它出现的缘由，是一个眼神，还是一句贴心的话语？抑或是一个倩影，让人不断沉迷其中。能说得清的东西是公式，是逻辑，是理论，是一切定式的东西，可那不是情感。情感是无法被诠释，被解释的，只有那初见的悸动。也正是因为时间的爱恨情愁，才会将很多人化作痴男怨女，内心之中生出不甘不愿，留下无数伟大的爱情诗篇。

眼前这个娴静而美丽的女子激发了徐志摩所有的创作热情，他开始不断赞美生活的美好，时间久了，情窦初开的林徽因也在他那双深邃的目光中看到了一丝异样的情感。一股不知名的情感在两人之中迅速发展。很多时候，很多事你不说，我不说，但彼此却都懂得，这大概就是世间最浪漫的事了。它如同云端的薄雾，虽然彼此看不到对方，却仍然可以感受到彼此的呼吸。有时候甜蜜，有时候悲伤。

自古“窈窕淑女，君子好逑”，林徽因温婉多情、柔美，徐志摩英姿飒爽、浪漫，两个人站在一起，任谁看起来都会觉得两人十分登对。一次，林长民看到林徽因和徐志摩在那里低头悄声谈论着什么，脸上还不时露出一丝微笑，一时忘情，竟然对屋子里的宾客说：“你们看，我们家徽徽与志摩是不是天生一对儿？”宾客们微怔之后哄堂大笑，林徽因却捂着羞红的脸颊跑开了，徐志摩呆立在那里，也有些尴尬。

和徐志摩相识的那段日子，是林徽因在伦敦最美好的记忆之一，即使多年之后，再度回忆起当年的往事，两人的内心都是温柔至极。那段时光让人如痴如醉。她记得有一次，徐志摩雨后看彩虹带给自己的浪漫与激动。那天，林徽因从自己的姐夫（也是徐志摩的同学）温源宁口中得知，徐志摩冒着大雨去温源宁的宿舍喊他去看彩虹，这个时候温源宁就觉得这个男子和旁人不同，他的心是如此纯洁，他的骨子里经常会流出一种虚化的浪漫，那种浪漫却又那般深稳沉实。如同常人冲茶因水、穿衣行路一般自然而理所应当。就在那晚，林徽因抑制不住内心的好奇，就去问徐志摩为什么判断出那场雨后肯定会出现彩虹，没想到徐志摩却说："完全诗意的信仰。"

并非所有的浪漫都会让人着迷，也并不是所有的诗意都值得回忆。可一切从徐志摩身上散发出来就会让林徽因觉得与众不同。这个时候的林徽因不过是个十六岁的少女，这样的年纪，孤寂的他乡，憧憬的往往只是一个温柔的怀抱。

徐志摩拥有林徽因在少女时期孤寂之时对亲密伴侣的所有向往：浪漫、温柔、诗意、潇洒、热烈、匆忙，就在那一晚，两个人讨论起了雨后的彩虹和康桥的梦。而且写下了《那一晚》作为纪念的诗篇。

那一晚我的船推出了河心，
澄蓝的天上托着密密的星。
那一晚你的手牵着我的手，
迷惘的星夜封锁起重愁。
那一晚你和我分定了方向，
两人各认取个生活的模样。
到如今我的船仍然在海面飘，

细弱的桅杆常在风涛里摇。
到如今太阳只在我背后徘徊，
层层的阴影留守在我周围。
到如今我还记着那一晚的天，
星光、眼泪、白茫茫的江边！
到如今我还想念你岸上的耕种：
红花儿黄花儿朵朵的生动。
那一天我希望要走到了顶层，
蜜一般酿出那记忆的滋润。
那一天我要挎上带羽翼的箭，
望着你花园里射一个满弦。
那一天你要听到鸟般的歌唱，
那便是我静候着你的赞赏。
那一天你要看到零乱的花影，
那便是我私闯入当年的边境！

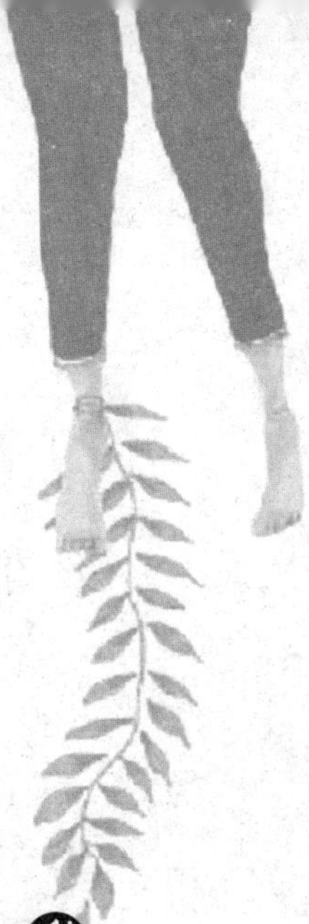

第二章

明眸回转：道是无晴却有晴

没有归宿的爱

徐志摩来英国是为了寻找罗素，跟罗素学习哲学，不过这一切都由于罗素被开除而终止。已经放松了几个月的徐志摩开始考虑自己何去何从，究竟是该回国还是该继续留在英国，特别是在他得知罗素接受中国邀请去讲学之后，那种失之交臂的挫败感更是让他感到沮丧。林长民不愿意看到才华横溢的徐志摩在本该精神勃发的年纪如此消沉，于是动用私人关系为他引荐了当时颇具盛名的文学家高尔斯华绥，高尔斯华绥十分热爱中国文化，对徐志摩这个充满才行的小伙子也是非常友好。高尔斯华绥是剑桥大学的教授，在剑桥学院主讲政治学和国际关系，同时还是一位颇具特色的作家，后来他推荐徐志摩进剑桥大学的皇家学院，从此，徐志摩开始了自己和剑桥的缘分。

就是在剑桥，徐志摩的轻灵气韵、浪漫情怀、诗意的信仰才得到了淋漓尽致的诠释。他在那里创作了很多的诗篇，也正是通过他五彩缤纷的语言，为剑桥蒙上了一层神秘的面纱，让它在众多的莘莘学子眼中，变成一汪清潭，忍不住地想要前去考究其中的奥妙。

徐志摩经常会陶醉在剑桥的清新氛围中，他经常会带着林徽因来剑桥，两人漫步于校园之中，在康桥上探讨哲学，康河中水静静地流淌，似乎是在悄悄聆听这对璧人的谈话。夕阳西下，月光透过树梢洒在两个人的身上，清幽而浪漫。望着河水之中随风泛起的涟漪，林徽因的心中涌出感动，此时此刻，一个活跃在剑桥的潇洒男子就守护在自己身边。两人同时眺望着康河的远处，就这么静静地凝望着远方，偶尔的相视让彼此忘记了一切。

然而快乐的时光总是短暂的，徐志摩眼中的林徽因是自由自在、无忧无虑的，她会突然在他的视线里消失一整天，而他，就这么对她念念不忘，甚至忘记了自己还有位结发妻子。

认识林徽因的时候，徐志摩已经身为人夫、人父，徐志摩和妻子张幼仪早在 1915 年就结为夫妻，那年，张幼仪也不过才 16 岁。

张幼仪是上海宝山县罗店巨富张润之的次女。张润芝一共有八子两女，张幼仪排行第八。宝山张家是名门望族，所以张幼仪和徐志摩的结合也算是门当户对。但是这桩婚姻却是父母包办，两个人并没有感情基础，徐志摩对张幼仪非常冷淡。

但张幼仪一直觉得没什么，夫妻之间不就是这样嘛。四年后，两个人有了爱情的结晶——一个小男孩，徐志摩对孩子极度疼爱，恨不得时时刻刻抱着他。通情达理的公婆，可爱的儿子，温柔的老公，张幼仪从来都没有想过她的婚姻会出现什么变故。

其实很多时候，感情是没有道理可讲的，不是你爱我我就会爱你，也不会门当户对才可以互相爱慕。书香门第的小姐可能会爱上山野莽夫；书香子弟也可能沉迷于烟花之地。而很多看似很是登对的公子和小姐却怎么也擦不出火花，徐志摩对张幼仪就是如此，不讨厌，可就是不喜欢。

婚后没几年，徐志摩就踏上了远洋的征程，临行前还叮嘱张幼仪照顾好家里的老人和孩子，张幼仪只是微笑着点点头，她未想到过，这一别竟让他们永远地分别了。如果徐志摩真的弃绝道德、信义、原则和林徽因因爱终成眷属倒也让人无话可说。他虽然漠视伦理道德，却也有着君子操守，他知道自己是个有家室的人，于是，他后来甚至书信一封恳请妻子来英国陪自己读书，以打消对林徽因的迷恋。

1920 年，张幼仪果真千里迢迢来到伦敦，可是当她来到徐志摩面前的时候，他又后悔了，张幼仪曾经回忆自己当年到达马赛时候的境况："我斜倚着船舷，不耐烦地等着上岸，然后看到徐志摩站在东张西望的人群里，就在这时候，我的心凉了一大截……他是那堆接船的人当中唯一露出不想到那儿来的表情的人。"

张幼仪的到来打破了徐志摩的生活节奏，为了节省开支，徐志摩将家从剑桥附近搬到了乡下的一间别墅里，高大的栗树高高低低，蔓延在从房子到河边的路途，高低错落的农舍，炊烟袅袅的烟囱，五颜六色的房顶，都让张幼仪感到兴奋。但是勤俭持家的张幼仪并未得到徐志摩的首肯，相反，他更怀念天真烂漫、充满灵性的林徽因，他的内心一直在呐喊，他开始疯狂地给林徽因写信，令人欣慰的是，他的每封信林徽因都会回。只有林徽因的信才能安抚徐志摩焦躁的情绪。

离家不远的地方有个信箱，徐志摩经常会去那里收取信件，邮差是个长着大胡子的开朗的人，他对眼前的这个每天都会收取信件的年轻小伙子非常好奇，一来二去，两个人就成了要好的朋友。一天，徐志摩匆忙赶去学校，没时间取信，大胡子邮差就把信送到了他家里，亲手交到张幼仪手中。虽然是一封写满英文的书信，但张幼仪明白，她所担心的事情还是发生了。女人的第六感可不是随口说说的，她们可以路痴找不到回家的路，她们可以飞蛾扑火般痴傻地爱上一个人，但是对于欺骗和背叛，她们却有着超乎寻常的敏感，那一张张信纸摧毁了她多年来坚守的心。

张幼仪到达伦敦的第二年 9 月，林徽因和父亲的伦敦寓所的租期到了。10 月，林徽因就和父亲回国。张幼仪和林徽因的取舍是此时徐志摩最艰难的选择，但是林徽因的突然回国证明了徐志摩对她无法动摇的感情。这个时候徐志摩真的是将自己的一颗心都放在了林徽因的身上，什么都不顾了。

虽然两个人之间出现了裂缝，可生活仍然要继续。很快，张幼仪怀孕了，她开心地告诉徐志摩说起这件事，满以为即将到来的新生命能改善两人的关系，可让她万万没想到的是，徐志摩只是冷冰冰地回复一句“打掉他”，就再也没理会过张幼仪。对于这样一句无情的话语，张幼仪的内心是说不出的痛，她不知道为什么，一个同眠共枕了几年的男人竟然可以无情到这种地步，她以为徐志摩不过是一时间想不明白，时间久了自然会留下这个孩子。可她没想到还有更大的打击等着她，徐志摩竟然向她提出了“离婚”。在那个年代，离婚是一件对家族而言十分耻辱的事。张幼仪失声痛哭、悲痛欲绝，可她的楚楚可怜并未打动自己的丈夫，这个男人已经决意要离开她。张幼仪写信给自己的二哥，二哥在得知徐志摩想离婚时，只说了一句：“张家失徐志摩之痛，如丧考妣”“万勿打胎，兄愿收养。抛却诸事，前来巴黎”。

看到自己的丈夫是那样的无情，张幼仪选择了放弃，七弟将她接到巴黎，她投靠了自己的二哥，一直到儿子诞生。

再见，康桥

面对徐志摩的感情，林徽因选择了向自己的父亲寻求帮助，其实林长民也十分欣赏这个充满才情的小伙子，他多次和徐志摩书信，非常钦佩这个年轻人的谈吐。林长民甚至代替女儿与徐志摩书信往来。

仲昭爱览：

前书计达。未及旬日，乃有不欲相告，而又不忍不使吾仲昭一闻之讯。虽此事关吾生死，吾今无恙。昭读此万勿忧惶，忧惶重吾痛，昭为吾忍之。中旬别后，昭返常熟，吾以阖垣来电，再四受地方父老兄弟之托，勉任代表。

当时苟令吾昭知之，必以人心相背尚属一斗讧时代，不欲我遽冒艰险。然迫促上道，我亦未及商之吾昭，遂与地方来者同行赴宁。车行竟日，未得一饱。入夜抵下关，微月映雪，眼底缤纷碎玉有薄光。倏忽间人影杂遝，则乱兵也。下车步数武，对面弹发，我方急避，其人追我，连发未中。但觉耳际顶上，飞火若箭，我昏，扑地有顷。兵亦群集，讯我姓名。我呼捕狙击者，而刺客亦至，出上海新将军捕状，指我为敌探，遂绳系我送致城内军令部，囚车轹雪，别有声响。二十里间，瘦马鞭曳，车重路难，我不自痛，转怜兹畜；盖同乘者五六人，露刃夹我，载量实过马力。寒甚，我已破裘淋湿，遍体欲僵。只有一念语昭，心头若有炽火，我增温度。夜半抵营门，立候传令。又经时许，门开，引入一厅事，曰是军法庭，数手齐下，解余衣搜索，次乃问供。我不自忆夹带中带有多少信件，但见堂上一一翻阅。问曰黄可权何人，答曰吾友，河南代表，分道赴武昌矣。又曰昭何人，我闻昭名，神魂几荡。盖自立候营门后至此约二时间，念昭之意，已被逻骑盘问，军吏搜索，层层遮断。今忽闻之，一若久别再晤，惊喜交迸。少迟未答，咤叱随之，则曰亦吾友。曰黄函叙述事迹，尚无疑窦，昭函语气模糊，保无勾煽情事？再三诘问，我正告之曰，昭吾女友，吾情人，吾生死交，吾来生妻。函中约我相见于深山绝巘中，不欲令世间浊物闻知，无怪麾下致疑之。今若以此函故磔我，较之中弹而死，重于泰山矣；三弹不中，而死于一封书，仇我之弹，不足亡我，忧我之书，乃能为我遂解脱，吾甘之也！此虏闻我怒骂，乃微笑曰，好风流！听候明日再审。于是押送我一小室中，有褐无被，油灯向尽，烟气熏人。我困极饥极，和衣躺下，一合眼间，窗纸已白。默祝有梦，偏偏不来。忽念世事，觉得人类自家建设，自家破坏，吾勇吾智，吾仁人爱物之性，尽属枉然。此是吾平生第一次作悲观语。自分是日再审，必将处决。但愿昭函发还，使我于断脰前有嗓，尚能高声一朗读之。于是从头记忆，前后凌乱，不能成章，懊憹起步，不觉顿足。室外监卒突入，喝问何事，不守肃静。彼去我复喃喃，得背诵什八九喜不自胜。鸣呼吾昭！昭平日责我书生习气，与昭竞文思，偏不相下，今则使我倾全部心力，默记千百余字，乱茧抽绪之书，一读一叫绝，不足以偿吾过耶？吾昭，吾昭！昭闻此不当释然耶？有顷求监卒假我纸笔，居然得请，然吮墨濡写，不能成文，自笑丈夫稍有受挫折，失态至此！计时已促，所感实多，一一缩其章句，为书三通，一致吾党二三子，一致老父，一致昭也。正欲再请，乞取封面，窗外枪响，人影喧闹。问何事，监者答云，兵变。复有人驰至，曰总司令有令，传林某人，书不及封，随之而去。至一广庭，绕廊而过，候室外，有人出，则夜来审问者，揖余曰，先生殆矣！余曰，即决乎？曰否，今已无事，昨夕危耳。入则酒肉狼藉，有人以杯酒劝饮。我问谁为总司令，曰我便是。我问到底何事，彼云英士糊涂，几成大错。我知事已解，总司令且任根究，英士上海将军字也。呜乎吾昭，此时情境，恨不与昭共视之，将来或能别成一段裨史，吾才实所未逮。昭近状恐益多难堪事，我乃刺刺自述所遇，无乃为己过甚？此间事解，我已决辞所任，盼旬日内能脱身造常，与昭相见，再定大计，并请前此未及就商之罪。苍苍者留我余生，将以为昭，抑将使我更历事变苦厄，为吾两人来生幸福代价耶？旬日期近，以秒计且数十万，我心怔动，如何可支。我吻昭肌，略拟一二，亦作镇剂，望昭察之！

萱冬书

千九百十一年十二月二十四日

虽然内心之中十分欣赏这个青年才俊，但林长民并不想过多干涉女儿的情感问题，面对女儿的求助，他选择带女儿回国。林长民替徽音书信给徐志摩："足下用情之烈，令人感悚，徽亦惶恐不知何以为答。"随后，父女两人动身回国，1921 年 10 月回到家中。

林徽因要回国的消息让徐志摩陷入了深渊，他不允许那朵纯洁的白莲花离他而去，那一刻，他仿佛听见了自己心碎的声音。黑夜吞噬了周围的美丽景色，绿荫和河水都不见了，在昏暗的灯光下，徐志摩呆坐在书桌前，胡乱地擦了擦眼镜上的灰尘，他知道，自己的女神还是离开他了。

康桥那儿有他们肩并肩的印记，剑桥图书馆是他们探讨文学的地方，这一切的一切都让徐志摩沉浸其中无法自拔。这世间最残忍的感情就是原本携手走过的路，如今却要一个人去回忆了。林徽因虽然回国了，可她带给徐志摩的震撼还在，太多的情感交织在一起成了一首首脍炙人口的诗歌。

不久，徐志摩收到了张幼仪产下儿子的喜讯，而他却邮递给张幼仪一张离婚申请书，看着无情而决绝的纸上写满的内容，张幼仪只能是无奈地笑了笑，她一贯逆来顺受，可这次却坚决不肯在纸上签字，除非再见上徐志摩一面。这种异乎寻常的坚持让远在伦敦的徐志摩没有任何办法，他只想尽快处理完这段婚姻，之后对自己心爱的姑娘表白。他决定立即去巴黎见张幼仪，快刀斩乱麻。

两个人的见面平淡而平静，张幼仪想要先征求父母意见，之后再谈离婚的事，可徐志摩却厉声拒绝了："不行，不行，你晓得，我没时间等了，你一定要现在签字……林徽因要回国了，我现在就要离婚！"张幼仪瞬间错愕，直到此刻她才明白，不管是自己还是刚出生的孩子，或者是远在他乡的父母和长子，加在一起的分量都比不上林徽因。

张幼仪签下了离婚协议书，便毅然决然转身离开了，而她的"前夫"只顾盯着离婚协议书看，没有和她说过一句话。就这样，张幼仪成了民国以来新式离婚的第一人。

友人胡适曾经在徐志摩去世后写下《追悼志摩》的文章，上面有一段叙述："他正式向他的夫人提出离婚，他告诉她，他们不应该继续他们的没有爱情没有自由的结婚生活了。他提议'自由之偿还自由'，他认为这是'彼此重见生命之曙光，不世之荣业'。他说'故转夜为日，转地狱为天堂，直指顾间事矣……彼此尊重人格，自由离婚，止绝苦痛，始兆幸福，皆在此矣。'"

得之，我幸；不得，我命

徐志摩是梁启超的弟子，而梁启超的儿子梁思成和林徽因已有婚约。梁启超得知徐志摩为林徽因离婚而且为林徽因辗转回国的事情后，曾以训教弟子为由给徐志摩写了一封信，大意是希望徐志摩可以再三考虑这件事，不能因为一己之私乐而让身边的人痛苦，也不能沉迷男女情爱的幻境之中而徒增烦恼和苦痛，应该懂得看开和放下。言辞恳切，让人感动。

可徐志摩已然心意已决，所以没有如梁启超预料中的良好回应。徐志摩回信说："我知我之甘冒世之不韪，竭全力以斗者，非特求免凶惨之苦痛，实求良心之安顿，求人格之确立，求灵魂之救度耳。人谁不求庸德？人谁不安现成？人谁不畏艰险？然且有突围而出者，夫岂得已而然哉？"他告诉自己的恩师，自己并非只顾自己私乐而让他人痛苦，他只是想要跟着自己的内心走，向着灵魂驱使的地方寻找幸福。之后极洒然地写了两句话说："我将于茫茫人海之中访我唯一灵魂之伴侣。得之，我幸；不得，我命。如此而已。"

从巴黎回来的徐志摩立刻和林徽因表白了，可满纸的情话却吓坏了年幼的林徽因：“也许，从现在起，爱、自由、美将会成为我终其一生的追求，但我以为，爱还是人生第一件伟大的事业，生命中没有爱的自由，也就不会有其他的自由了……当我的心为一个人燃烧的时候，我便是这天下最最幸运儿、又是最最痛苦的人了，你给予我从未经过的一切，让我知道生命真是上帝了不起的杰作。”

“如果有一天我获得了你的爱，那么我飘零的生命就有了归宿，只有爱才可以让我匆忙行进的脚步停下来，让我在你的身边停留一小会儿吧，你知道忧伤正像锯子锯着我的灵魂……”

你说你要走的时候，我没有挽留，因为我知道，从你蹙眉的那一刻起，你早已不属于我了。我还是原来的我，可是你已经不再是当初的你了。

徐志摩的爱来得太凶猛，吓坏了林徽因，而且她也因为他抛弃了张幼仪的行为而深深自责。她没有想过徐志摩会为了她而离婚，甚至十六岁的她都不知道该对徐志摩抱有什么样的情感。徐志摩的眼神是那样的炙热，像一团烈火，又像一把利刃，让她无所适从。而也正是因为他的这份执着伤害了任劳任怨的张幼仪，所以让她不敢靠近他。

虽然不知道自己该如何面对徐志摩的感情，但是林徽因明白，自己无法回馈他的这份感情，因为她一闭上眼就会感到害怕，那段时间，她时常想起自己的母亲，之后由母亲联想到张幼仪，母亲的痛苦为她的童年留下了难以磨灭的印记。父亲的无情让母亲变成了一个让人难以靠近的刺猬，她竖起了全身的尖刺，却只能将父亲越推越远。在和姨娘的较量中，母亲早已丧失了自己独有的魅力，只剩下一副充满幽怨的躯壳。没有人知道从爱到不爱要经历多长时间，也没人知道海誓山盟最后是否会渐行渐远成为路人，但是母亲何雪媛成为林徽因面对这段感情的枷锁，深深地扼住了她的喉咙。她无法因为自己而去伤害另一个无辜的女子，虽然那不怪她。

原地守候也等不到的人

回国后的林徽因迅速融入到了家庭生活中。表姐妹几个的感情很好，林徽因每天都会和她们一起去培华女中读书，闲暇的时候与母亲聊聊天，处理一下家事，虽然没有什么事发生，可也算过得惬意。就在这个时候，她遇到了多年未见的那个沉稳、儒雅的男子——梁思成。

林徽因和梁思成见面的机会越来越多，经过一段时间的相处，好感在两个人中间不断地发酵。看着眼前女孩谈起建筑的那种顾盼神飞，梁思成不禁为之动容。梁思成一直知道父辈们安排的意图，两个人也兜兜转转回到了最初的原点。

感情这种事是说不清道不明的，可能前一刻还在耳鬓斯磨，后一刻就天各一方。有的时候，感情的产生仅仅是因为一个微笑、一次偶然的相遇。和徐志摩不同，梁思成给林徽因的爱是深缓而宁静的，他是个儒雅温柔的男子，不激烈，也没有压迫，他生长在自由舒畅的家庭环境之中，对林徽因的呵护也是温柔备至。

两人热恋的时候经常会去北海公园约会。当时北海公园坐落在新筑建成的松坡图书馆。当时梁启超担任图书馆馆长，梁思成就从父亲那里得到了一把钥匙，占据了整个幽谧的地方，用于他和林徽因独处。那段时光充满了柔情和美妙。

徐志摩一直想要陪着林徽因走完余生，他以为，自己在原地守候，终有一天林徽因会因为回忆起彼此当初的美好而再次走向他，可他就这么等着，等来的却是她与别人订婚的消息。

英国的街头巷尾刮起了刺骨的寒风，即便裹上了一层又一层的衣服，寒冷仍旧是渗透到了骨子里。剑桥的水冰凉，上面结了一层冰，让人还未靠近就感受到了寒意。红彤彤的壁炉给屋子里增添了暖意，徐志摩瘫坐在沙发上，听着窗外北风咆哮的声音，又拉了拉衣服，想要让自己再暖和一些。

林徽因回国整整一年后，徐志摩决定回国。剑桥是徐志摩一直以来追求的梦想，虽然在这里吐纳着自由、清新的空气，让他的灵魂得到了释放，但是他想要共度一生的伴侣已经不在了，留在这里，已经失去了当时的意义。物是人非可能是对留下来的人最大的惩罚，他忍受不了了。

徐志摩回国之后，和老师梁启超一同在南开大学授课。看着自己的爱徒，梁启超还以为他已经想通了自己对林徽因的感情，不再痴缠了，师徒二人重归于好，谁都不再提起那两封信的事。1924年，徐志摩收到了北京大学的聘请书，他辞掉了现在的工作前去教学。这个时候的林徽因也在北京上学。

徐志摩得知林徽因在松坡图书馆之后，无法按捺内心对林徽因的感情，也经常到松坡图书馆找林徽因。梁思成的心里终究还是对徐志摩有芥蒂的。在和林徽因独处的时候就在门上贴“情人不愿受干扰”的便条，名言勿扰。

抛开徐志摩在文学方面的成就，很多人对他有着很极端的评价，有的人认为徐志摩执着而专一，他喜欢林徽因，只想和她携手到白头，对林徽因的追逐和爱恋从未停止过；他喜欢陆小曼，敢与天下人为敌和陆小曼走入婚姻的殿堂。但是也有很多人觉得他太过无情，特别是在对张幼仪这件事情上，张幼仪曾说过，签订离婚协议书时，徐志摩趴在育婴室外边，看着里面咿咿呀呀的孩子，脸上挂着幸福的微笑，可直到离开之前他都没有问过张幼仪以后如何养活这个孩子。究竟是无情或有情，局外人终究是无法点评的，只不过他不能看着生命中最重要的东西和自己渐行渐远，他一直都在努力伸出双手朝着自己想要的东西拥抱。最终他还是没有按捺住自己那颗想要继续沉沦的心，去拜访了林长民。

他离开伦敦回国就是为了和她呼吸同一座城市的空气，

他离开康桥就是想要和她重新相聚在一起，只是他不知道自己坚持得是否正确，他不过是想离自己所追求的更近一步，可她又是怎么想的呢？

灯影里的徘徊

这世间最幸福的爱情就是我爱你，你也爱着我；这世间最悲惨的爱情是我爱着你，你却不爱我了……我们无法掌握别人的呼吸，却可以控制自己的心跳，哪怕对方已经不再爱自己，只要自己还在爱着，就会痴痴地守护在身边。

虽然徐志摩的痴情守护并未得到林徽因的认可，可却吸引了大批的年轻女性，无论是他的执着还是文学方面的造诣，早已在学生中间口耳相传，大家都想一睹这位才子的风采，想要和他进行零距离的沟通。

没过多久，徐志摩就接受了清华大学的邀请，给学生们进行了一场主题为《艺术与人生》的演讲。这个消息引来了大批清华大学及附近学校的学生，他们纷纷报名。活动当天，全场三百余人座无虚席，还有很多站着的旁听生。徐志摩在学生们热烈的掌声中走上讲台。他身着一身绸缎夹袄，眉清目秀，身材挺拔，鼻梁上架着一副眼镜，却丝毫没有遮住那双神采奕奕的眼睛，让无数学子为之痴迷。

后来有学生回忆起当时的情景时说："他仿佛有一种天生的魔力，看见他的样子，就忍不住为他沉迷，讲座结束很多天后，很多人还对他当时的演讲赞叹不已"。

主持人梁实秋对徐志摩做了简单的介绍，现场立刻响起了雷鸣般的掌声。徐志摩站在舞台中间，刚想开口，却无意中发现林徽因端坐在礼堂正中间的藤椅上。这也是徐志摩回国后第一次看到林徽因，她仍然那么美丽动人，静静地坐在那里，嘴角挂着一抹微笑，眼前的人儿竟然让徐志摩有些失神，他就呆立在那里，大脑中事先准备的台词顷刻间化为虚无，只剩下那张清纯温柔的小脸……

看到台上失神的徐志摩，台下逐渐响起了混乱声，大家都在猜测徐志摩为何呆立在那里不出声。听到台下的哄乱声，徐志摩才缓过神来，他发现林徽因已经离开，变得更加无法控制自己，只见他笔挺地站在舞台中间，双手紧紧握在讲桌一侧，脸颊上的汗水一滴滴滑落，他试图张开嘴巴发音，却发现自己的喉咙已经干涩得说不出话来，就这样，过了好几分钟之后徐志摩才慢慢恢复常态……

还好，演讲最终还是顺利结束了，学生们边议论边拿着东西离开，徐志摩却久久站立在原地，紧盯着礼堂中间那把椅子静静地回想着那个小小的身影。他无法放下对林徽因的眷恋，他想要获得她的爱。

林徽因并不知道徐志摩仍然爱着自己，如今的她沉浸在和梁思成的爱情里。受好朋友启发的她回国后仍然非常热爱建筑行业，而且她还有着一个热心听众——梁思成。每次和梁思成见面时，走到一处建筑，林徽因就与他分析其构建、色彩的搭配等，把艺术和现实融合在一起进行解说，让梁思成非常感兴趣，再加上梁思成本身就有美术功底，于是梁思成决定和林徽因一起学习建筑，梁启超也非常赞同他们的想法。

志趣相投的两个孩子整天待在一起讨论问题，感情也在这个过程中不断升温，徐志摩看到二人如胶似漆甚是焦灼不安。他每次都会打着看望老师、会友等名义接近林徽因，这让梁思成非常不满。

看着身边两个爱慕着自己的人，一个英俊潇洒，风流倜傥；一个踏实稳重，顾全大局，林徽因也有些茫然。人这一生会不断遇到形形色色的人，让你为之驻足的也可能不止一个，我们也很难猜测究竟是谁可以陪着我们走到最后。遇到不同的人就会有不同的经历，发生不同的故事。

在伦敦的那段时间，徐志摩如同林徽因生活中的慰藉，因为在那里，她是孤独的；而林徽因就是徐志摩诗意的化身，她成就了才子的浪漫情怀。徐志摩渴望和林徽因在一起，建立起美满幸福的家庭，举案齐眉，吟诗作对，共同享受生活，可林徽因却清楚地知道，现实并没有那么容易，她虽然向往像风一样的自由，却不能自私地抛开家人于不顾。在听闻徐志摩的事情后，林徽因的母亲、姑姑都曾严厉拒绝这件事，她们一致认为，离婚后的徐志摩无法给予林徽因幸福的归宿。当激情退去，开始了柴米油盐的平淡而琐碎的生活，谁又敢保证林徽因不会成为第二个张幼仪？虽然林徽因的年纪小，但是这一切她都看得清楚明白。

梁思成成熟稳重，有责任感，林徽因知道，梁思成永远不会做出徐志摩那样的抛妻弃子的事，他可以欣赏林徽因的才华，也能包容她的不完美，她可以成为他在建筑方面的老师，也可以是个刁蛮任性的小公主，和梁思成在一起才是生活的真实样子，也正是这种平常的样子让童年饱受心灵折磨的林徽因更加踏实。

当你被一道难以抉择的问题困惑的时候，不妨停下脚步，仔细思考一下自己究竟要什么，问问自己的初心，无论前路有多坎坷，都要找到最初的方向。

在三个人的感情关系当中，梁思成是最小心翼翼的，他不会像徐志摩那样大胆而热烈。相比于徐志摩，梁思成还是有些胆怯的，虽然林徽因就在自己的身边，可他仍然不确定她最终的选择，否则他也不会趁着林徽因不注意的时候在门外挂上“情人不愿受干扰”的字条向徐志摩示威，也不会在结婚当天仍然询问林徽因：“有一句话，我只问这一次，以后都不会再问，为什么是我？”他就这么谨小慎微地守护在林徽因身边。

在一份感情中，主动的人一定比不主动的人辛苦很多，但是爱是一切行为的动力。漫长孤独的岁月中，有梁思成这样的儒雅温柔的男子陪伴左右，林徽因觉得安心。同时她也明白，三个人这样走下去最终会两败俱伤。

不知不觉中，徐志摩发现林徽因已经开始躲着自己了，此刻的他，满脑子都是林徽因那疏远的眼神，一时间，他竟有些六神无主，再这样下去自己肯定是会崩溃的。他曾无数次质疑自己的坚持是否值得，可是诗人的感性又让他无法放弃这一切。

他无数次想要摆脱这种状况，可却感觉自己如同走进一个迷宫之中，他就这么跌跌撞撞地寻找出口，到最后却碰得头破血流。那鲜血流淌在皑皑白雪上，形成一朵朵绚丽的红梅……在徐志摩以后的日子里，很多诗歌都是在这种纠结的心情下写下的。比如1931年的这首《你去》：

你去，我也走，我们在此分手；/你上那一条大路，你放心走，/你看那街灯一直亮到天边，/你只消跟从这光明的直线！/你先走，我站在此地望着你，/放轻些脚步，别让灰土扬起，/我要认清你远去的身影，/直到距离使我认你不分明。/再不然，我就叫响你的名字，/不断地提醒你，有我在这里，/为消解荒街与深晚的荒凉，/目送你归去……/不，我自有主张，/你不必为我忧虑；你走大路，/我进这条小巷。你看那株树，/高抵着天，我走到那边转弯，/再过去是一片荒野的凌乱；/有深潭，有浅洼，半亮着止水，/在夜芒中像是纷披的眼泪；/有乱石，有钩刺胫踝的蔓草，/在守候过路人疏神时绊倒，/但你不必焦心，我有的是胆，/凶险的途程不能使我心寒。/等你走远，我就大步的向前，/这荒野有的是夜露的清鲜；/也不愁愁云深裹，但求风动，/云海里便波涌星斗的流汞；/更何况永远照彻我的心底，/有那颗不夜的明珠，我爱——你！

最肯忘却古人诗，最不屑一顾是相思，可是若真的没有七情六欲，没有贪、嗔、痴、恨，生活平静得像一潭清水，再无波澜，那未来还有什么意思。印度有个八十岁的老妪，始终保持着 30 岁年轻女子的美貌，有人问她，如何才能做到，她只是对着镜子，轻轻地说了一声 ：“我从来没有放肆地笑过……”

虽然不爱了，但是不曾后悔，因为我总会想起华灯初下眼神交错时那一刻的心动和执起你柔软双手时的悸动。当我们成双入对地出现，接受别人的赞美，我真的想过要和你一起走到白头。怎奈，上天有另外一种安排，不过爱过你，我亦无悔。

我们经常会站在十字路口不停地眺望远方，迷茫、不安、困惑，但当你真的鼓起勇气做出一种选择时，你会发现春花、夏月、秋风、冬雪，自有别样的意义。到那时，回想当初的那春风十里，不过尔尔。

一段情的契机

其实，回国之后和梁思成的再相逢以及之后的相处除了两家人的撮合之外，还是存在两情相悦的因素的。林徽因始终没有忘记 14 岁时初遇梁思成的情景，那个阳光般的少年被她深埋在心底 ；梁思成也没有忘记那个相貌出众的女孩。

当所有人都在用世俗的眼光评论林徽因和徐志摩的感

情时，林徽因的好朋友费慰梅忍不住地为她发声，费慰梅在《梁思成与林徽因》中写道：在多年以后，听她（林徽因）谈到徐志摩，我注意到她的记忆总是和文学大师们联系在一起——雪莱、基兹、拜伦、凯赛琳·曼斯菲尔德、弗吉尼亚·伍尔夫以及其他人。在我看来，在他的挚爱面前，他可能承担了导师和指导者的角色，把她导入英国的诗歌和戏剧的世界以及那些把他自己也同时迷住的——新的美、新的理想、新的感受。就这样，他可能为她对于他所热爱的书籍和喜欢的梦想的灵敏的反应而高兴。他可能被自己所编织的热烈情感迷住了，然而她只有十六岁，并不是像有些人所想象的那样是一个有心计的女人。她不过是一个住在父亲家里的女学生。徐志摩对她的热情并没有在这个缺乏经验的女孩身上引起同等的反应。

感情的事究竟谁对谁错、谁是谁非是很难说清楚的，随着岁月的流逝，人们的脑海之中会渐渐淡忘那些过往，激情也会在平淡之中逐渐褪去，剩下的只有亲人般的存在。而那个亲人，终究会是更靠近现实的梁思成。

1917 年 5 月 7 日，袁世凯向日本签订丧权辱国的“二十一条”条约，卖国贼的行为激怒了爱国青年，学生们开始罢课、工人们开始罢工，大家纷纷在大街上开始了游行示威活动，虽然以失败告终，但“五九国耻日”却成了铭记于心的历史。

1923 年 5 月 7 日，阳光明媚，那天学生们又开始了示威游行，拉条幅、游街，抒发着内心对“五九国耻日”的愤恨。梁思成骑着姐夫周希哲从菲律宾买来的一辆哈雷·戴维森牌的摩托车带着弟弟梁思永，可没想到骑到长安街的时候，被国务院权贵金永炎的汽车撞伤。

当时梁思成驾驶的摩托车立刻被撞翻在地，梁思永被甩出几米远外，梁思成被死死地压在摩托车下，金永炎头也没回，直接让司机继续向前开。眼看着汽车绝尘而去，梁思永只好强忍着身体的不适从地上爬起来，试图将梁思成从摩托车下拉出来，可连续试了几次都没成功，梁思永只好哭着跑回家找人帮忙。

看着梁思永慌慌张张跑了回来，家里人吓坏了，女眷们开始哭泣，慌乱之中大家都不知道该如何是好，正好这个时候梁启超赶了回来，他赶忙派人去请大夫，自己随着家人匆匆忙忙赶向事故现场。梁启超赶到事故现场的时候，看着梁思成的样子心里也是没底儿，但仍然让人立即将摩托车搬开。此时的梁思成身上好几处都被磨出鲜血，脸色苍白得吓人，神志不清。医生赶到后，立即用担架将梁思成送往协和医院。

经过一番检查，确诊梁思成只是骨折，但是他要在医院待上一段时间才能出院。事故发生几个小时之后林徽因才得知，匆匆忙忙赶到医院，见到梁思成的时候，泪水立刻充满了眼眶。此时的梁思成双眼紧闭，脸色苍白，林徽因由于过度担心、紧张而直冒冷汗，梁启超见状，赶忙让人给林徽因递来一块毛巾，并上前安慰道："没事，你不用过于担心，思成只是骨折了，很快就可以复原。"林徽因这才安下心来。

果然，没过多久，梁思成逐渐恢复了意识，看到林徽因正俯身坐在自己身边，梁思成忍不住在她的脸颊上亲了一下，随后转头又对梁启超说："爸爸，我是个不孝儿子。在您和妈妈把我的全部身体交给我之前，我已经把它毁坏了。别管我，尤其不要告诉妈妈。大姊在哪儿，我怎么能见到她？"梁启超曾在自己的书中记录过这件事，当他看到自己的儿子脸上重新恢复血色的时候就在想，只要他能活下来，哪怕是残废了自己也很知足。

当天晚上，林徽因留在医院照顾梁思成，家人也没有反对，因为两人早就有了婚约。当晚，梁思成由于伤口疼痛而忍不住呻吟。每次梁思成疼痛难忍的时候，林徽因都会温柔地揉着他的双手，给他擦拭汗水，试图帮他减轻疼痛。一个晚上，林徽因将饭菜热了好几次，只是为了让梁思成醒来之后可以吃上热乎乎的饭菜。

当时正值夏季，学校还没放假，林徽因请了一个星期的假日夜守护在梁思成身边。天气炎热，又有疾病在身，梁思成总是大汗淋漓，每每这时，林徽因都会拿着毛巾给他擦汗。眼见得两个孩子的感情越来越好，梁启超终于放心了，他还曾经写信给自己的大女儿梁思顺："老夫眼力不错罢，徽音又是我的第二回的成功"，自豪之情溢于言表。

尽管梁启超十分认可这个"准儿媳"，可梁启超的妇人李蕙仙却并不怎么喜欢林徽因。她是个性格刚正、传统的女人，是清朝礼部尚书李瑞的堂妹，是位出身名门的大家闺秀，琴棋书画样样精通。梁启超 17 岁时受到了李瑞的赏识而中举。因为欣赏梁启超的能力，李瑞便将自己的堂妹李蕙仙许配给梁启超。

李夫人一直对林徽因和徐志摩在英国的那段往事耿耿于怀，看到林徽因照顾自己儿子的时候又不加避讳，更是气不打一处来，因此经常摆脸色给林徽因看，甚至直接把毛巾从林徽因的手里抢过来。梁思成深知母亲的性格，经常因为母亲的行为事后向林徽因道歉，让梁思成感到庆幸的是林徽因并未因此而生气，还是经常过来陪床，给他读书解闷。

等到梁思成的病情好转一些，林徽因继续回学校上课，利用课间的时间陪梁思成在病房里待一会儿。在梁启超的严格要求下，梁思成利用病床上的时间研究起中国古代的经典名著，梁启超想借此机会好好磨一磨儿子的性子，将来能成就一番大业。待在病床上的梁思成也觉得读书既可以消磨时间，又可以了解古代文学知识，丰富知识面，于是每天都坚持着。

梁思成的性命是没什么大碍，可经过三次手术之后仍然落下了后遗症，他左腿比右腿短了一小截，为此，梁思成有些自卑，和林徽因提起此事的时候，林徽因没有答话，只是稍微用力握了握他的手。一个半月后，梁思成病愈出院，那天风和日丽，林徽因抱着一束花朝着他微笑。

经历了这场车祸之后，林徽因和梁思成之间的感情稳固了许多，也让梁思成的心安定了下来。可能没有这场事故，林徽因还不能这么快看清自己的真心，二人之间产生了更深一层的情愫，再也容不下别人。

虽然两个人之间的感情更深一层，可两人并未因此而荒废学业，两人开始共同研究建筑学。是林徽因带着梁思成走向了建筑学的大门，她耐心地为梁思成解释道：“那是融艺术和工程技术于一体的一门学科，因为你本身就有审美的艺术，所以可以更加接近建筑的殿堂。”梁思成日后在建筑方面的造诣很大程度源于林徽因，如果没有林徽因，就没有梁思成日后在建筑行业的驻足。这大概就叫“冥冥之中自有天意”吧，遇到谁，爱上谁，和谁在一起都是命中注定。

回到学校的林徽因，经常与表姐王孟瑜、曾语儿参加新月社俱乐部、游艺活动。新月社的最初建立以印度诗哲泰戈尔的《新月集》命名，林长民、梁启超、胡适、徐志摩、丁西林、林徽因等人也是创建人，只是让他们没有想到的是，这样一间小小的社团就这么走进了大众的视野当中，走进了新文化运动当中。

泰戈尔的到来

林徽因有意无意的躲闪伤透了徐志摩的心，可此刻的他沉沦在这个宛若仙子的女孩身上，早已没了自我，他想，可以这么远远地看着她也好。

虽然徐志摩觉得上天待自己不公，可还是等到了一件让他感到欣喜的事，那就是林徽因加入新月社这件事，意味着两人见面的机会也多了。虽然关于两人关系的议论声从未终止过，但林徽因并未将这件事放在心上，她此刻的内心是坦然的，每次见到徐志摩她仍然会打招呼，亲切之中不带一丝暧昧。

和其他女人的“保守”和“小家子气”不同，林徽因有着男子般的胸怀，是个拥有大智慧的女人，她用自己的实际行动表明了徐志摩在自己心中的地位——亦师亦友，又用自己的爱将梁思成推到众人眼前。对于众人的猜测，徐志摩还是有些沾沾自喜的，因为他始终觉得林徽因是属于自己的，现在林徽因还没有嫁做人妇，只要有机会，自己就一定可以带着她远走高飞，远离世间的一切烦恼，自由自在地去生活。虽然这一切的美好畅想都是他的一厢情愿，可他仍然沉浸其中。

梁思成因车祸而推迟了赴美留学的时间，不过在这一年里，林徽因也从培华女中正式毕业，考取了半官费的美国留学，塞翁失马焉知非福，虽然受了伤，可却等到了林徽因和自己一起去美国留学。

在这一年里还发生了一件震动中国文学史的大事。梁启超和林长民作为新月社的主要负责人，一直活跃在文化第一战线上，为了可以带动学术界不断向前发展，调动文学界的沉闷气氛，邀请来了文学泰斗泰戈尔先生到中国授课。

泰戈尔是著名的印度诗人，他的作品从 19 世纪开始风靡至今，作为一个印度诗人，他文风锐利，抨击黑暗势力的同时显露出对社会底层深深的怜悯。而这个时候的华人正是生存在夹缝之中，他的作品深深震撼了无数中国学者和劳动阶层。他的《飞鸟集》《眼中沙》《新月集》等作品伴随着几代中国人成长，流传至今。他的诗集《吉檀迦利》在 1913 年获得了诺贝尔文学奖。

我旅行的时间很长，
旅途也是很长的。
天刚破晓，
我就驱车起行，
穿遍广漠的世界。
在许多星球之上，
留下辙痕。
离你最近的地方，
路途最远，
最简单的音调，
需要最艰苦的练习。
旅客要在每个生人门口敲叩，
才能敲到自己的家门，
人要在外面到处漂流，
最后才能走到最深的内殿。
我的眼睛向空阔处四望，
最后才合上眼说："你原来住在这里！"
这句问话和呼唤"呵，在哪儿呢？"
融化在千般的泪泉里，
和你保证的回答"我在这里！"的洪流，

一同泛滥了全世界。

泰戈尔的《吉檀迦利》的叙述虽然平静而毫无波澜，却有着无限深意。也正是因为他作品当中的这种清寂而深阔的意境让世人着迷，尤其是林徽因、徐志摩等进步文艺青年。

得知泰戈尔来中国的消息之后，举国沸腾。1924 年 4 月 12 日，泰戈尔乘船从印度漂洋过海来到中国，历经一个月左右的时间终于在上海靠岸，那天码头上聚集了很多人，他们都是前来一睹这位文学巨匠的风采的。船缓缓驶进港口，岸上的人都屏住了呼吸，似乎生怕惊吓到这船只。只见一位身材高大、满头银发、精神矍铄的老人从船上走了下来，看着眼前人头攒动的场面，老人亲切地和大家打着招呼："朋友们，我不知道什么原因，到中国更像回到故乡一样，我始终感觉，印度是中国极其亲近的亲属，中国和印度是极老而又极亲爱的兄弟。"老人的这番话消除了和众人之间的陌生感，人群自动分离出一条甬道，供老人行走。徐志摩担任此次的陪同兼翻译，他陪着老人走过上海、杭州、南京、济南、北京、太原、武汉等地。

徐志摩非常敬仰老人的才气，泰戈尔也非常欣赏这个年轻人的灵气，这一老一少竟然在短时间内结成了忘年之交。两个人一同到西湖上泛舟欣赏美景，一起到南京大桥上作诗。林徽因等新月社的人也在期待着泰戈尔的到来……

终于，1923 年 4 月 23 日，火车缓缓驶入北京，林徽因和众人焦急地等待着泰戈尔，那天，北京前门的火车站站满了人。

林徽因曾经无数次在脑海中想象着老人的模样，这样一位文学界大亨做文学是那样的严谨，所以她猜想他一定是位长相严肃、不苟言笑的人。林徽因不禁有些担心，自己翻译的时候要是翻译错了怎么办？她手捧鲜花站在风中，心却因为激动和紧张“怦怦”乱跳。火车终于停下了，泰戈尔迈着轻快的步伐走下车来，眼前的老人打破了林徽因之前的所有幻想，他不像一位大诗人，更像一位东方的老寿星，白色长须随风而动，头上戴着一顶红色毡帽，身着一身褐色整齐长袍。这样一位慈眉善目的老人怎么能写出那么针砭时弊的诗歌？这样一位性情温和的老人为什么可以恰到好处地揪出那些黑暗……

看到林徽因在那里发愣，徐志摩赶忙用眼神示意她将手中的鲜花送过来，林徽因这才醒过神来。看到眼前这个小姑娘的紧张模样，泰戈尔冲着她露出一个慈祥的微笑。其实他早就已经注意到了这个长相俏丽的姑娘了，她就像一个落入凡间的天使一般，无论站在哪里都能让人一下子找到。双手捧着的郁金香开得十分灿烂，和她那张美丽的脸庞挂着的温柔微笑搭配得十分融洽。

众人簇拥着泰戈尔朝前方走去。其实，虽然没有见过林徽因，但和徐志摩相处的这段时间里，他一直在聆听徐志摩讲述着自己心目中那个独一无二的小天使。泰戈尔是个精神非常自由的人，他鼓励徐志摩勇敢地去追求自己的内心所想、所爱，如此才不负此生。当他亲眼见到林徽因的时候，才瞬间理解徐志摩的用情至深。一个如此美丽的知性女子是值得大家追求和神往的。

振奋人心的演讲

原本没什么事可做的新月社因为泰戈尔的到来而变得忙碌，徐志摩因此有机会接近林徽因，因为两个人都曾出国留学，和泰戈尔之间没有沟通障碍。

两个人经常陪伴在泰戈尔左右，一左一右，为泰戈尔讲解中国文化，解决一些问题。两个年轻人一个如花似玉，一个年轻俊朗，中间是一位白发苍苍的老人——泰戈尔，整个画面完全就像一张温馨的全家福。

林长民和梁启超等人开始为泰戈尔的到来筹备欢迎仪式，时间定在 4 月 28 日。可让人万万没想到的是，活动前发生了一个小插曲。这个欢迎仪式最先定在天坛，但是后来考虑到学生人数众多，而且天坛的票价较贵，最后只好改在不收门票的先农坛里举行。晨报上是这样叙述当天的场面的："午后二时，即有无数男女学生驱车或步行入坛，络绎不绝，沿途非常拥挤。讲坛设在雩内之东坛（即一品茶点社社址），坛之四围布满听众，有二三千人之多。京学界各团体之代表均聚集坛上，天津绿波社亦派有代表来京欢迎，至三时零五分泰氏始到，乘坐汽车至雩坛门前下车，林长民为导，同来者为其秘书厚恩之、葛玲女士及林徽因、王孟瑜女士并梁思成等。”

授课的时候，泰戈尔收起了往日的温和老人模样，表情变得严肃，他看着台下的学生们，虽然只是临时演讲，可泰戈尔对学术的态度是非常严谨的。全场立刻变得肃静，大家静静地聆听着泰戈尔的发言：

“吾今日受诸君之欢迎，使吾心中大为感动。盖诸君今日所以欢迎吾者，乃以亚洲民族和平亲爱之精神，及基此精神发之和声也。”泰戈尔的话得到了现场所有学生的点头称赞。

“诸君须知吾亚洲人士受西方人士之压迫，已非一朝一夕，然彼等所用以压迫人者无他，体力及智力而已。吾人受西方人士过度之压迫，几自忘吾人所已有之位置，以至西方人士来吾人之亚洲，吾人竟不能以主人之资格欢迎之。……吾东方人士今已到达于第三期，吾人已霍然醒觉，知体力智力征服世界之外，尚有一更光明、更深奥、更广阔之世界。吾人于黑暗寂寞之中，已见一导引吾人达于此光明、深奥而广阔世界之明灯，唯吾人如欲到达此世界，则吾人不可不知服从与牺牲，乃吾人到达彼世界之唯一阶梯。吾人欲得最大之自由，则必须能为最忍耐之服从；吾人欲得最大之光明，则必须能为最轰烈之牺牲。”

他洪亮的嗓音震撼了现场的每一位学生，老人清了清嗓子，又道：“未来之时代，绝非体力智力征服之时代，体力智力以外，尚有更悠久、更真切、更深奥之生命。吾东方人士今日虽具体已微，然已确有此生命矣。西方人士今因专尚体力智力，积极从事杀人之科学，借以压迫凌辱体力智力不甚发达者，即吾人亦尚在被压迫之中。但吾人如能为最大之牺牲，则吾人不久即可脱离彼等之压迫矣。”

泰戈尔的话点燃了台下听众的内心，最后，泰戈尔如同一个登上人生顶峰的圣人一般，手中高举着燃烧着的圣火，拥抱蔚蓝的天空说道：“在结束我的讲演之前，我想给你们读一首我喜爱的诗：仰仗恶的帮助的人，建立了繁荣昌盛，/依靠恶的帮助的人，战胜了他的仇敌，/依赖恶的帮助的人，实现了他们的愿望，/但是，有朝一日他们将彻底毁灭。”

泰戈尔的这番话深深震撼了林长民、梁启超以及其他学子，那一句句话语震撼着在场的每个人，徐志摩的翻译也彻底征服了在场的每个人，包括林徽因……每个人都已经融入泰戈尔的演讲之中，直到演讲结束仍久久不肯离去。

独在异乡，难免会产生孤寂之感，为了让老人可以在中国体会到亲切的感觉，大家决定给老人举办一场难忘的生日晚会。

5月8日，泰戈尔老人的生日终于到来了，四百多名著名人物从四面八方闻讯赶来，向老人送上自己的祝福。泰戈尔酷爱中国古文化，他非常喜欢众人送来的古玩字画，但是最让老人开心的生日礼物是一个中国名字——竺震旦。

这个名字是梁启超和林长民一起给想的。泰戈尔先生的名字翻译成中文是“震旦”，印度国名又是“天竺”，最后两人决定给老人取的中国名字就叫“竺震旦”。而“震旦”在印度语中，又是“中国”的名字，这种机缘巧合让大家更加相信中印两国是友好的邻邦。随后，梁启超将老人的名字刻到鸡血石印章上，亲自送给老人，泰戈尔开心地拿着那枚印章，并向梁启超表示感谢。在中国后来的行程中，他都让随行人员直接称呼他的中文名字，泰戈尔说，这对他来说，是一段崭新的历程。

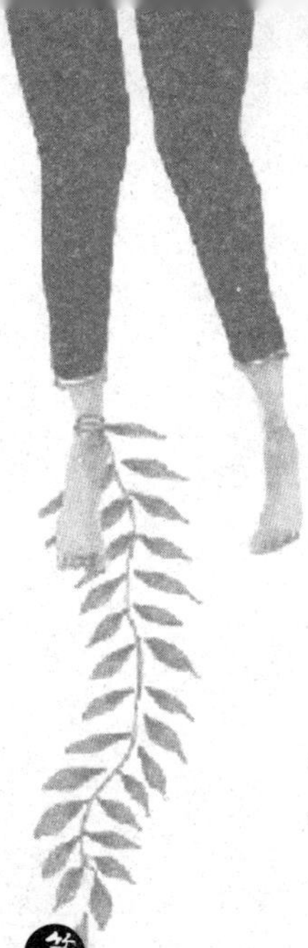

第三章

愛情似火：多情总被无情伤

“齐德拉”的爱

泰戈尔很喜欢看自己写的戏剧，他除了是一位伟大的诗人，还是著名的诗剧创作者。在泰戈尔生日那天晚上，新月社改编了一份泰戈尔所著的诗剧——《摩诃的婆罗多》中的一段故事，将其改编成抒情诗剧《齐德拉》，整场的台词都是英文。几乎所有的新月社的主力成员都参演了这部戏剧，可见对其的重视程度。

《齐德拉》剧本的基本剧情如下：齐德拉是马尼浦国王的女儿。马尼浦系中，代代都有一个男孩传宗接代，可齐德拉却是她父亲齐德拉瓦哈那唯一的女儿，所以父亲想将她当成儿子来传宗接代，同时立为储君。公主齐德拉并不漂亮，而且从小接受着王子应受的训练。邻国王子阿顺那还在苦行誓愿的路上，一天，王子到山林里坐禅睡着了，被入山打猎的齐德拉唤醒，而且一见钟情。这是齐德拉自出生以来第一次感受到自己缺乏女性的美是最大的遗憾，她非常沮丧，于是向爱神祈祷，希望爱神可以赐予自己青春的美貌，哪怕只有一天也行。爱神终于被齐德拉的诚心感动，答应给她一年的美貌，丑陋的齐德拉一下子变而成了如花似玉的大美人，赢得了王子阿顺那的爱，两人结为夫妇。但是齐德拉并不想冒充美人赢得王子的爱，而且王子表示自己非常敬慕那个平定盗贼的女英雄齐德拉，不过他并不知道自己的妻子就是齐德拉公主。于是，齐德拉祈祷爱神收回自己的美貌，在丈夫面前显露出了本来面目。

林徽因饰演女主角齐德拉，徐志摩饰演爱神玛达那，林长民饰春神戈森塔。梁思成担任布景，陈通伯担任翻译。经过很长一段时间的排练，只为在老人面前上演出完美的戏剧。他们对诗句台词进行了无数次的修改，终于在老人生日这天和大家见面。

齐德拉：你是那位带着五把箭的神，爱情的主宰吗？

玛达那：我就是从创造者心中生的第一个孩子。我把男人和女人的生命都捆锁在痛苦和快乐的镣铐里！

齐德拉：我晓得，我晓得那痛苦和镣铐是什么样的东西。——你是谁呢，我主？

伐森塔：我是他的朋友——伐森塔——季节的王。死亡和衰老把世界拖得形销骨立，但是我跟在他后面，不断地攻击他们。我是永在的青春。

齐德拉：我向你鞠躬，伐森塔神。

玛达那：美丽的陌生人，你发下了什么重誓？你为什么用忏悔和修行来凋萎你的青春？以这种的牺牲来礼拜爱神是不适宜的。你是什么人，你祈求什么？

齐德拉：我是齐德拉，马尼浦王室的女儿。湿婆天神垂降神恩，应许我的王祖以世代绵延的男储。但是，神旨却没有力量改变我母亲腹中生命的火花——我的天性是这样的坚强，虽然我是一个女子。

玛达那：我知道，因此你父亲把你当作儿子带大了。他教给你拉弓射箭和一切为王的职责。

齐德拉：是的，因此我穿上男装走出深闺。我不懂得女人赢得人心的诡计。我的双手可以拉开强弓，但是我从来没有学过爱神的以目送情的箭法。

玛达那：这是不用学的，美人。眼睛不用教练也会工作，它会知道它做得多好，击中了什么人的心。

齐德拉：你这征服世界的爱神，还有你，伐森塔，季节的年轻的神，从我年轻躯体上把天赋的不公和没吸引力的平凡拿去吧。只要有一天的时间使我绝顶美丽，就像我心中忽然开放的爱一样的美丽。只给我短短一天的完全的美丽，我将用以后的日子来还报你。

玛达那：我答应了你的请求。

伐森塔：不只是短短的一天，而是整整的一年，春花般的魅力将寄托在你的肢体上。

玛达那：哎，你这凡人的女儿！我从天库里偷来芳醇的仙酒，把人间的一夜斟到满盈，放在你手里，请你饮用——可是我仍然听到这渴望的呼唤！

齐德拉（辛酸地）：谁饮到这酒了？生命的愿望中最罕有的完满，爱的第一度合一已经赠送给了我，却又从我的紧握中攫走了！这个借来的美丽，这包裹着的虚伪，将从我身上溜走，也带走了那甜蜜的合一的唯一纪念物，就像花瓣从残花上凋落一般；而那个因极端贫困而羞愧的女人，将日夜地坐着哭泣。爱神呵，这副可诅咒的外表伴随着我，就像一个恶魔把我一切的赏赐——一切我内心所渴望的接吻都抢走了。

玛达那：哎，你那一夜多么空虚！快乐的小船已经在望，但是波浪不让它挨近岸边！

最后，齐德拉请求爱神收回她美丽的容颜，声音重拾了那份最初的自信与坚强。

齐德拉：我是齐德拉。不是受人礼拜的女神，也不是一个平凡的怜悯的对象，像一只飞蛾可以让人随便地拂在一边。今天我只把齐德拉献给你，一个国王的女儿。

阿顺那：爱人，我的生命圆满了。

当时的北平《晨报副刊》曾做了如下报道："林宗孟（按，即林长民）君头发半白还有登台演剧的兴趣和勇气，真算难得。父女合演，空前美谈。第五幕爱神与春神谐谈，林徐的滑稽神态，有独到之处。林女士徽音，态度音吐，并极佳妙。"

之后，他们又在开明戏院演出了《洛神》，虽然泰戈尔访华这件事受到了林长民、梁启超、胡适等知识分子的热烈欢迎，但是由于当时的社会环境非常复杂，所以也受到了一些人的奚落和反对。

再起风波

虽然林徽因和徐志摩等人的戏剧《齐德拉》完美落幕，可却又一次将两人推向了风口浪尖。

节目落幕之后，徐志摩感觉自己仿佛又回到了伦敦，那个时候他和林徽因旁若无人地肆意交谈，有时根本不用太多的言语，一个抬手，一个眼神，就可以知道彼此的心中在想什么。在这个舞台上，似乎只有徐志摩和最初的林徽因，只有齐德拉和玛达那。徐志摩用力地嘶吼，大声地喧嚣，他早已忘记了舞台，忘记了台下的观众，他那炽热的眼神仿佛要将眼前的可人儿燃烧。

林徽因也沉浸在了诗句中，她已经变成了齐德拉，那个敢爱敢恨、敢于抛弃世俗眼光的公主，面对眼前这个最初给予她悸动的人，她有些沉沦……

等到台下响起了热烈的掌声的时候，两人才如梦初醒，停止了与对方的深深凝望，之后略带尴尬地朝着观众们谢幕，匆匆回到幕后。

话剧的演出非常成功，演出结束之后，泰戈尔欣慰地走上台，拍着林徽因的肩膀说："马尼浦王的女儿，你的美丽和智慧不是借来的，是爱神早已给你的馈赠，不只是让你拥有一天，一年，而是伴随你终生，你因此而放射出光辉。”

此时的梁家人的脸色已经有些铁青，对于林徽因和徐志摩的往事，梁家人多少知道一些，当他们看到两个人在台上忘情地演出的时候，内心就更是有些不悦了，尤其是梁思成，面对即将和自己牵手走过一生的伴侣，居然和别的男人深情对望，他感到生气和窘迫。

虽然没过多久梁思成就忘记了这件不愉快的事，可梁家人却没那么容易释怀，即使是一直都非常喜欢林徽因的梁启超都有些磨不开面子了，刚正律己的李夫人就更不用说了。据说李夫人当时非常生气地回到家中，一直到离世都没真正从心底接受林徽因。

转眼间，就到了泰戈尔离开中国的时间了，他前后一共做了九次演讲，每次都在学生中间引起强烈的反响。可让人意想不到的是，一篇小小的言论竟然提前结束了他的中国之行：

“今日为东西文化发达及相互借重之时，我们至少要有批判之眼光。百余年前，即有西洋文化物质文明侵入东方，延至近今，实有评判之必要。余要声明的是，余非反对物质文明及科学文明，不过余以为科学是附丽于人生的，非人生为科学的。人的生活，要与物质文明同时发达，不能任物质文明超过人生。欧战之结果，号称高尚无匹之西洋文明，亦露无数之缺点。我们利用此种绝好机会，可以评判东方精神文明与西方物质文明，何者可去，何者可存。再就此以溯及东西方文化接触之历史，很觉其中残苦之缺点。文化是求真理，乃西洋文化来侵入东方，完全带有特种的意味，当英国文化传入印度，即用以达其侵略之目的。吾人如此，亟宜一评判其是否。”

部分青年强烈批判了泰戈尔的这篇文章，甚至有人说他是精神至上主义辩护，对中国现在的困境没有一点儿帮助，说他是个反动派。泰戈尔觉得自尊心被人侮辱和践踏，于是决定结束自己的访华行程，回到印度。

当喧嚣的生活逐渐变得平静之后，林徽因也从梁家人的反应中知道有些东西又不一样了。梁思成的不满，徐志摩的眼神将她深深地压在五指山下，她感到自己透不过气来。好不容易才将自己从这漩涡之中拖拉出来，她开始重新审视着自己和梁思成、徐志摩三个人之间的关系，她知道，一定要做出决定了。

5 月 17 日，夜幕即将降临，林徽因将徐志摩单独约了出来，月亮似银盘挂在夜空，皎洁的月光洒满大地，热闹的胡同变得静悄悄的，一句说出来的离别扑灭了徐志摩的满腔热情。不一会儿，空荡荡的胡同里就只剩下徐志摩一个人在飘荡……

没有归宿的心

其实那段时间里，泰戈尔也曾向林徽因谈及徐志摩对她的爱慕，但都被林徽因婉拒，她是个清明磊落的女子，知进退，她不想效仿自己的父亲“得新欢，弃旧爱”。

5 月 20 日，是泰戈尔准备离开北京去太原的日子，徐志摩是翻译，自然随行。临别前，他从林徽因那得知，她不久就要和梁思成赴美留学。徐志摩和泰戈尔的秘书恩厚之一起坐在车厢座位的一处，他望着窗外熙熙攘攘的人群，只有她独自站着，不拥不挤，也不说话，朝着他微笑，或者说是朝着他们微笑。此时的徐志摩觉得心如刀割，似乎割去了他最心爱的那部分。

他在车厢里写了下面这段话，本想给林徽因，可最终还是没给出去，因为他觉得她真的不爱自己了：

“我真不知道我要说的是什么话。我已经好几次提起笔来想写，但是每次总是写不成篇。这两日我的头脑总是昏沉沉的，睁着眼却只见大前晚模糊的凄清的月色，照着我们不愿意的车辆，迟迟地向荒野里退缩。离别！怎么能叫人相信？我想着就要发疯。这么多的丝，谁能割得断？我的眼前又黑了！”

他积累了几天的情感终于在这个时候发泄出来了，因为今日一别不知道何时才能再相见，自此之后，天各一方。没有了林徽因，徐志摩变得迷茫，他不知道自己以后要怎么生活，丢失的心如何才能弥补，枯萎的希望何时才能重生？突然，徐志摩的眼睛里泛起了浓浓的水雾，他摘下了眼镜，用略显肥大的衣袖偷偷擦拭着眼角的泪滴。泰戈尔看着眼前的这个年轻人，无奈地摇了摇头。

泰戈尔看着和梁思成站在一起的林徽因，又看了看形单影只的徐志摩，也只能无奈地发出一声叹息。徐志摩曾多次吐露过自己对林徽因的爱意，泰戈尔也认为爱情原本就是自由的东西，人类可以阻挡一切物质，但却无法阻挡对爱的向往和对希望的追求。既然只是“落花有意，而流水无情”，那就各自安好吧。

火车飞快地驶离了站台，留下了站台上依旧眺望的人们，人影随着火车的远去越来越渺小，慢慢地只剩下一个小点，到最后什么都没有了。就这样，徐志摩带着遗憾远离了这座城市。

他觉得自己太爱林徽因了，爱到了骨子里，爱到了不分是非不分对错，爱到盲目……她这一走，他恐怕再也不能牵她的手了，也就意味着彻底地失去了她。

这个时候的徐志摩感觉自己如同陷入牢笼之中，似乎被命运扼住了喉咙无力挣扎。本以为是生命的终止，不再挣扎，可是等到自己慢慢放松下来的时候却发现现实并不像想象中的那么可怕。

浪漫情怀的徐志摩终究是不懂自己为何落得如今的结

局了，在伦敦的时候两个人明明很好，无话不谈，知己相交；在舞台上的时候两人配合默契，深情凝望，可为什么还是逃不开分离的局面。

此刻诗人的心正应了那句“得不到的永远在骚动”，林徽因最终还是选择了梁思成，两人一同赴美留学，直到此刻，徐志摩才明白，自己和林徽因的过往经历不过是镜花水月。

命运就是爱开玩笑，它安排了相遇的美好，又留下了镜花水月的结局。你以为可以伸手就能触碰到的画面，到头来终是幻境。一颗心，因幻境的渐渐退去而漂浮无依……

物是人非事事休

泰戈尔离开北京，登上了开往太原的列车，之后从香港转战到日本，回国。一路上，都是徐志摩陪伴左右。

林徽因和梁思成开始忙着收拾行李，准备在学校开学之后去美国参加秋季入学典礼。美国东部漫山遍野都是红色的枫叶，整个城市美丽极了，湖光山色交相辉映，如同一幅美丽的山水画。而他们要入学的学校——康奈尔大学就坐落于这片美丽的山色之中。据说这个风光旖旎的小镇只有 1 万左右的居民，而康奈尔大学的学生就有了 6 千人。

农历 7 月 7 日，林徽因和梁思成在中国传统的“情人节”这天飞到了美国，开始了新的生涯，不过由于行程问题，他们已经比大部分学生晚到了一天，报名、缴费、住宿等一系列的事情让两个年轻人忙得晕头转向。

在这个陌生的国家，被陌生的人群围绕着，两个年轻人既感到新鲜又感到恐惧，那是一种对未知的恐惧，没有了家人的陪同和帮助，他们只能彼此依靠，在相互依偎、扶助下开始了崭新的旅程。

失望的时候从对方的身上找到动力，重新振作起来；难过的时候，让对方的笑容感染自己。

入宾夕法尼亚大学就读以前，两个人利用七八月暑假的时间在康奈尔大学补习了几门功课。林徽因选修户外写生和高等代数两门学科；梁思成选择了户外写生、三角和水彩静物课程。直到 9 月份才正式进入宾西依法尼亚大学读书。虽然两个人所选的科目不同，但都想为以后的建筑学做铺垫，以便在建筑方面有更好的发展。

其实梁思成学建筑还是源于林徽因，据说梁思成回忆：“当我第一次去拜访林徽因时，她刚从英国回来，在交谈中，她谈到以后要学建筑。我当时连建筑是什么还不知道，徽因告诉我，那是融艺术和工程技术于一体的一门学科。因为我喜爱绘画，所以我也选择了建筑这个专业。”

美国东部的美丽景色彻底吸引了两个年轻人，层峦叠嶂的树木，高低起伏的建筑，五颜六色的城墙，不知是何能工巧匠竟将建筑与自然搭配在一起，一点儿看不出刻意和造作。西方教育崇尚自由和创作，更加激发了两个年轻人的热情，他们携手到户外欣赏风景、写生，勾勒出大自然的美丽线条，这种人文、自由让他们乐不思蜀。短短两个月的暑期补习时间很快就过去了，他们几乎游遍了美国东部的大部分河山。

康奈尔大学的校友会也深深吸引了两个年轻人，这个校友会在美国非常出名。奶黄色的别墅里进门的大厅处摆放着历代任职成绩突出的校长的画像。油画下面有个很长的栗色条桌，上面摆放着很多方方正正的册子，用于记录每个康奈尔人的成就或为学校所捐赠的物品。当时的林徽因和梁思成一直在想，有朝一日自己的名字也要被记录在册子上，被人们记住，或者成为后代学生的楷模。

虽然国外的景色宜人，文化深深吸引了他们，但身处异乡的他们还是渴望遇到知己朋友。就在这个时候，他们遇到了一生的知己——陈值。陈值和林徽因、梁思成早在清华大学时就已经认识了，只是当时并没有太多的接触。这次三人的意外见面给两人在美国的生活增添了很多色彩。三个年轻人经常在一起谈论诗词歌赋和对未来的畅想。

时光匆匆如流水，一转眼，宾夕法尼亚大学就开学了，然而就在这个时候，却发生了一件意想不到的事，宾夕法尼亚大学建筑系明文规定不收女学生。因为校方认为建筑是一个非常辛苦的行业，经常要熬夜绘图，还要到场地勘察，对女性的身体健康影响较大。虽然林徽因曾多次恳求校方收了她这个热爱建筑行业的女孩，但都被拒绝。

没办法，林徽因只好转入美术系，不过她并未因此而放弃对建筑专业的学习。因为从她在英国的时候就已经开始了对建筑专业的向往，她从来没有忘记过自己内心深处对建筑的渴望。没有什么可以阻挡她向建筑行业靠近的脚步。美术系和建筑系同在一个学院，而且梁思成就是建筑专业的学生，所以林徽因就成了这里的旁听生。

老师们很快就记住了这位旁听生，因为她机敏而勤奋，甚至比班里的很多同学更有悟性，因此建筑系的老师们都非常喜欢她。经过不断的努力，林徽因从 1926 年春季开始就成了建筑设计的业余助教了，1926 至 1927 年期间担任建筑设计的业余教师。以一个旁听生的身份完成了全日制学生难以完成的事情，她究竟是做了何等的努力才变成建筑系第一名女学生的？我们不得而知。

林徽因和梁思成在美国的住所的外形和其他房子没有什么差别，但是一走进去就会被房间的内部构造深深震撼，所有地方都是书，包括梳妆台、楼梯的拐角，以及装红酒的箱子，堆满了书，所有的过道都被摆得严严实实，仅能通过一个人，很多人都前来参观这个被称为世界上密度最高的房子。

林徽因的姑姑原本不赞成她的美国之行，就连徐志摩都觉得美国的生活会把这个文弱的姑娘惯坏，然而事实证明他们的担心是没有道理的。此时的她已经变成了一个内心充满对未来无限坚定的女子。

她已经不再是被关在家中的小家碧玉，她那温婉的外表下藏着一颗坚韧而自由的心。思想上的放任甚至是很多男子所不能及的。还好她的父亲林长民早早带着女儿走向世界，没有让她待在充满了怨妇气息的深宅之中，没有像其他女子那样为柴米油盐酱醋茶等琐碎的事担忧烦恼，也没有任人摆布凭借“父母之命媒妁之言”求姻缘。那些生活也不是她想要的，所以她一直拼命逃脱，努力向上攀岩，希望可以解脱掉身上的枷锁，获得真正的自由。

美国的新思想和崇尚自由的人文气息感染了她，让她有了自己的目标和向往，她开始忙着自己的专业知识、充实自己的业余生活。美国的微风轻柔地拂过她的面庞，她踩在柔软的绿草地上，她奔跑在蓝天白云之下，她放声大笑，张开洁白的柔荑遮挡眼前的阳光。

苦咖啡里的爱情

很多人喜欢喝咖啡，有人说它味道香醇，有人说它回味无穷，还有人说它如同人生，虽然苦涩，却依然芬芳。人生亦如此，不如意十之八九，会遇到各种各样的问题，只有经历了其中的过程，才可以享受到最终的快乐。充满了困苦和不容易的人生才是真正的人生！

身在异乡的林徽因和梁思成本该彼此依靠，彼此取暖，享受这陌生城市中只有彼此的感觉。可就在林徽因以为两人的感情越来越稳固时，却爆发了从未有过的激烈矛盾，其实无非是旧事重谈。

在泰戈尔来中国时，林徽因和徐志摩的那场诗剧成为矛盾爆发的导火索。一个是文质彬彬的风流少年，一个是年轻貌美的灵动少女，两人深深陷入了剧情当中，忘我的表演引起了各大报社的争相报道，很多人开始说林徽因和徐志摩才是郎才女貌、天作之合。

林徽因倒是没怎么将这些报道放在心上，因为她知道自己和徐志摩之间是不可能的。可这些报道却刺痛了梁家人的眼睛。因为这场戏剧表演而名声大噪的林徽因并未因此获得李夫人的青睐，而且梁思成母亲还认为林徽因是个不怎么讲究的女人。一个即将过门的儿媳妇，怎么可以在众目睽睽之下和别的男人眉来眼去，即便那只是演戏，可终究是碍眼的。

其实李夫人本来就不怎么喜欢林徽因，因为林徽因长得太漂亮了，又曾出国留学，不管是持家还是传统礼教，都不能和一直养在深闺之中的大家闺秀相比，在李夫人的传统思想里，女儿家还是大门不出二门不迈的好，女子无才便是德。

其实梁思成的大姐梁思顺也是不怎么赞成这个弟媳妇的。梁思顺是梁家大女儿，从小受尽宠爱，虽然梁思顺的童年经历过梁启超的落魄时期，可他从未疏忽过对女儿的教育。梁启超将她带到日本，亲自教她读书、写字、作词，甚至为了让她更好地学习数理化还建立了一间实验室。

在父亲的谆谆教导下，梁思顺成为杰出的人才，她长期担任父亲的助手。梁启超逃亡日本的那段时间，她担任父亲的日语翻译，帮助父亲阅报、读书、收集资料、做翻译等，梁启超在《双涛阁日记》中写道：“昨夜净夕不成寐，晨间卧听娴儿读书，久之睡去”，可见梁启超对这位女儿的信任。

除了帮助梁启超，梁思顺还承担着照顾自己的弟弟妹妹的责任，她在家中的地位仅次于梁启超。梁启超一直将梁思顺视为自己最心爱的宝贝和家庭“脊梁”，梁家的大小事务他都会征求梁思顺的意见。

但是在梁思成和林徽因这件事上，梁思顺和母亲一样持反对态度。两个人在美国留学的那段时间，梁思成经常收到姐姐的信，信中的诸多言语都是对林徽因的责备，而且直接道出了母亲对这桩婚事的反对，而且以母亲病重、至死也不能接受林徽因为由让他和林徽因分手。梁思成每次收到姐姐的信的时候就感到非常为难。一边是自己的家人，一边是亲密的爱人，他很难取舍。

长期处在夹击状态下的梁思成倍感疲惫。特别是梁思顺的丈夫周希哲任职驻加拿大领事馆总领事时，由于距离较近，林徽因和梁思顺可以经常见面，而对于梁思顺的指手画脚，林徽因也是非常不满意，两个人常常吵得面红耳赤。

面对这种情形，梁思成很多时候不知如何应对，他从小在母亲和长姐的庇护下长大，处理事情的时候难免有些急躁。而林徽因自幼夹在母亲和姨娘中间，常年听着母亲的抱怨，也有着急躁、心直口快的毛病。

林徽因渴望自己的生活自由而无忧无虑，她不甘心成为笼子里的金丝雀，哪怕全天下的人都不理解她，她也要活出自我。正是因为她觉得梁思成懂自己，才会那么义无反顾地选择和他在一起。可是她没想到，因为家庭的诸多反对，梁思成竟然也开始劝慰林徽因，希望她可以变得更加倾向于中国传统的大家闺秀。

在林徽因的眼中，梁思成的劝慰就像是在暗示对自己的不满意，时间久了，两个人竟然经常因此而闹翻，最终发生了激烈的争吵。两个人的性格都是那么倔强。

虽然两个人的关系很紧张，可并未向家人提及。由于争吵，林徽因一连几个月都没有和家人联系，多次写信却没有得到回复，林长民不禁起了疑心，只好一封封写下去，期盼女儿可以早点儿回信。

其实，担心的不只是林长民一个人，梁思永曾写信告诉梁启超两人吵架的事情，希望父亲可以好好劝劝哥哥，可是隔着大洋，梁启超也毫无办法，只好在心里暗暗期盼两个人可以早点和好。为了安慰林徽因，梁启超打算拟寄林徽因留学费用 3000 元作为补助，可却收到林徽因“请暂勿付邮”几个字。林徽因的回信让梁启超更加不安，但是站在三个年轻人中间的他也非常为难，不知道该怎么办才好。

和母爱相比，父爱更加深沉，虽然平时看不出他有多爱你，可是在你需要他帮助的时候，他就会伸出那双大手扶住你的肩膀，带你走出困难。这场情人之间没有硝烟的战争整整持续了半年之久才终止。梁启超在给“孩子们的书”中还曾记述此事：思成对于徽音感情完全恢复，我听见真高兴极了。这是思成一生幸福关键所在，我几个月前很怕思成因此生出精神异动，毁掉这孩子，现在我完全放心了。他还说“思成与徽音，去年便有几个月在刀山剑树上过活！这种地狱比城隍庙十王殿里画出来还可怕，因为一时造错了一点业，便受如此惨报，非受完了不会转头。”

没有回音的电报

常听人说爱情是婚姻的坟墓，因为谈恋爱的时候耳鬓厮磨，激情似火，而婚后却是柴米油盐，平淡如水，甚至因为计较生活中的琐事而引发夫妻之间的争吵。但是仍然有人选择了婚姻，他们就这么互相搀扶着走到白头，即使中间有争吵、有冷战，但最终还是不离不弃的。

林徽因和梁思成吵架的那段时间，林徽的心情极度低落。她突然觉得如今的美国生活和在伦敦时一样让人透不过气了，这让她想到了徐志摩，那个在伦敦给她丰富多彩生活的人。于是，她给徐志摩寄去了一封短函，上边写道：“我的朋友，给我一个快电，单说你平安，多少也叫我心宽。”虽然只有短短的一句话，却将徐志摩那颗孤独寂寞的心瞬间点燃，他开始开心地狂呼呐喊，拿起搁置许久的执笔，打算给林徽因去一封信，将自己的满腔热情倾注其中。

可是突然，他觉得写信太慢，可能要很久才能寄送过去，当时虽然是午夜，可他仍然匆忙地披着衣服走到邮局，给林徽因拍了封急电。

从邮局回来后，徐志摩仍然无法按捺住内心的狂喜和激动，他已经亢奋得不能自已，于是写了首诗给林徽因：

啊，果然有今天，就不算如愿，/她这“我求你”也就够可怜！/“我求你”，她信上说，“我的朋友，/给我一个快电，单说你平安，/多少也叫我心宽。”叫她心宽！/扯来她忘不了的还是我——我，/虽则她的傲气从不肯认服；/害得我多苦，这几年叫痛苦/带住了我，像磨面似的尽磨！/还不快发电去，傻子，说太显——/或许不便，但也不妨占一点/颜色，叫她明白我不曾改变，/咳何止，这炉火更旺似从前！/我已经靠在发电处的窗前；/震震的手写来震震的情电，/递给收电的那位先生，问这/该多少钱，但他看了看电文，/又看我一眼，迟疑地说：先生，/您没重打吧？方才半点钟前，/有一位年青先生也来发电，/那地址，那人名，全跟这一样，/还有那电文，我记得对，我想，/也是这……先生，你明白，反正/意思相像，就这签名不一样！/“吒！是吗？噢，可不是，我真是昏！/发了又重发；拿回吧！劳驾，先生。”

诗到结尾时，徐志摩已是满脸的泪痕，就这么合衣趴在书桌上睡着了，梦里，那张精致的小脸出现在眼前，睡梦中的人嘴角扬起了浅浅的弧度。

可让徐志摩万万没想到的是，林徽因并没有像他想象的那样如期地收到这封电报。林徽因生病了，远在异国他乡，面临情感方面的问题，几个月来饱受煎熬，她一直在质疑究竟是什么让原本相濡以沫的两个人渐行渐远，身心承受着巨大压力的她终于病倒了，接连高烧了好几天。她觉得自己似乎深陷泥沼之中无法自拔，越是挣扎就陷得越深，饱受了病痛的折磨。高烧中的林徽因一直在胡言乱语，白寂的病房中，那张雪白的小脸已经变得苍白。朦胧中她似乎听到有人在喊自己的名字，可是她的喉咙就好像被什么堵住了一样，说不出话来。

几天之后，林徽因终于睁开了沉重的双眼，浑身的酸痛让她不禁皱了皱眉头，一双大手轻轻碰了碰她的额头，随后才放心地说了句："烧终于退了一点儿了，谢天谢地！"林徽因稍稍扭过头，看到了梁思成那双布满血丝的眼睛，她竟无法移开自己的目光。看到林徽因盯着自己，梁思成也朝着她露出微笑，满是胡楂的脸上写满了疲惫。林徽因也朝着他笑了笑，两个人这才冰释前嫌。

经过一段时间的调养和休息之后，林徽因的病情逐渐得到好转，梁思成每天贴身照顾，每天手捧鲜花，带着她爱吃的东西来医院探望，只是想尽早驱赶林徽因的愁容和病痛。林徽因早就忘记了那封电报的事，只是徐志摩仍然每天到邮局查看是否有自己的信件，终是失落而归。

经历了这场没有硝烟的情侣战之后，林徽因和梁思成才意识到彼此的重要性，也只有在这个时候才发现，所有的争吵都是没有意义的，在她生病的时候，他着急得顾不得形象守候在身边，就是因为一时的冲动，让两个原本亲密的爱人差点儿万劫不复。梁思成非常后悔自己的所作所为，他希望自己可以弥补，让两个人可以变得和以前一样好。

看到梁思成跑前跑后地向自己献殷勤，林徽因的内心也非常懊恼，两个人、两个家庭，想要相处得融洽需要更多的包容、宽容和耐心，争吵不但不能解决问题，只会让两个人的关系越来越糟，甚至因此而分道扬镳。想到这里，林徽因的脸上也布满了羞赧，一时间说不出话来。内心却是决定从今往后两人好好相处。

第四章

亲人离世：夕阳何事近黄昏

人间自有真情

身体恢复之后，林徽因又变得和以前一样充满活力，两个人在转入宾夕法尼亚大学后，开始了各自的学业。宾夕法尼亚大学的美术系非常重视学生的创作能力，因此经常鼓励学生们走到色彩中间去，这种教学方式让林徽因非常开心，她在自由中感受着建筑的魅力，在不断的行走中发现色彩的真谛，她的落落大方赢得了很多人的赞赏。

不上课的时候，林徽因就会和梁思成一起找到宾大的陈植，到校外散步交流。出校门之后一直往北就是黑人的聚居地，是连绵数英里的贫民窟，那里是高低交错的房屋，杂乱无序，瓦灰色的墙皮上尽是涂鸦，垃圾成堆，散发着让人作呕的霉臭味儿。这里的孩子经常在垃圾堆旁嬉戏打闹，恶棍流氓游逛在街头，林徽因这个端庄的东方美人震撼了他们，他们朝着她吹着口哨，而林徽因却只是微微一笑便从他们身边走过。

天气好的时候他们会驾几个小时的车到郊外考察建筑，没事儿的时候去附近漂亮的府邸闲逛，两个人经常对某处的房屋、屋顶感兴趣，在那里兴致勃勃地交谈，撇下一旁沉迷于田园之中的陈植，漫步在楼阁之间。

有的时候他们还会坐车到蒙哥马利、切斯特、葛底斯堡等县城，看福谷和白兰地韦恩战场，拉德诺狩猎场和长木公园。林徽因和梁思成对那里的盖顶桥梁非常感兴趣，常常流连忘返，陈植却只是醉心在平和宁静的田园之中。

偶尔他们也会去集贸市场里闲逛，在农家小摊上购买新鲜的果蔬。林徽因喜欢吃油炸燕麦面包，梁思成喜欢吃黎巴嫩香肠和瑞士干奶酪。陈植却说他什么都吃不惯，只喜欢独具风味的史密尔开斯。

“女为悦己者容”，每次和梁思成见面，林徽因都要花上好几个小打扮自己，有时甚至会让梁思成在楼下等上半个小时。经过上次林徽因的重病，梁思成也学着改变自己的思维和处事方式，他丝毫没有因为等待的时间长而厌烦，反而看着自己美丽大方的女朋友时对她进行赞许。妹妹梁思庄，弟弟梁思永常常在一旁打趣，梁思永还给他们编了一副对联：林小姐千妆万扮始出来，梁公子一等再等终成配。妹妹梁思庄虽然在麻省理工学院读书，但经常利用节假日的时间来看望嫂嫂，看着眼前这个落落大方的小姑子，林徽因非常喜欢，后来两个人成了非常要好的朋友，后来梁思庄和吴鲁强谈恋爱也是林徽因出的主意。梁思永最后的爱人也是林徽因帮他们搭起的姻缘。

美国的学生称中国来的是“拳匪学生”，意思就是刻板和死硬，而林徽因和陈植除外。林徽因因为非常美丽、聪明活泼、讲得一口流利的英语、善于交际而受到了好评。陈植因为在大学合唱俱乐部里唱歌，幽默风趣而颇受欢迎。梁思成却是个非常严肃的学生，林徽因则是满脑子的创造性，经常是先画张草图，之后进行多次修改，甚至丢弃。交图期限快到的时候，梁思成会参与进来，用他那精准、漂亮的绘图功底将林徽因绘制的乱七八糟的图变成一张清楚、整齐的作品。

留学的第三年，林徽因被聘为建筑系设计指导教师和建筑事务助理，两项工作每天各半小时，直至 1927 年 6 月 30 日。

梁思成虽然学的是建筑学，但是在其他学科上造诣也非常高，比如：音乐和绘画。宾夕法尼亚大学要求每个学生设计出一个自己的作品，梁思成甚至花上一个礼拜的时间来打造这件艺术品——仿铜古镜，从绘画到制作、雕工，皆出自他之手，这面仿铜古镜曾被宾利法尼亚大学美术系研究东方美术史的教授称赞过。镜子背面写着：林徽因自鉴之用民国十七年元旦思成自镌并铸喻其晶莹不玷也。林徽因非常喜欢这件礼物，她经常携带这面镜子出现在众人面前。

美貌和智慧并存的林徽因不管走到哪里都是一道靓丽的风景线，1926 年 1 月 17 日，她的美国同学比斯林曾经在《蒙塔那报》上刊登了一篇主题为《中国姑娘将自己献身于拯救她的祖国的艺术》，记录了林徽因在美国的学习生涯：她坐在靠近窗户能够俯视校园中一条小径的椅子上，俯身向一张绘图桌，她那瘦削的身影匍匐在那巨大的建筑习题上，当它同其他三十到四十张习题一起挂在巨大的判分室的墙上时，将会获得很高的奖赏。这样说并非捕风捉影，因为她的作业总是得到最高的分数或偶尔的第二。她不苟言笑，幽默而谦逊。从不把自己的成就挂在嘴边。

“我曾跟着父亲走遍了欧洲。在旅途中我第一次产生了学习建筑的梦想。现代西方的古典建筑启发了我，使我充满了要带一些回国的欲望。我们需要一种能使建筑百年不朽的良好建筑理论。”

“然后我就在英国上了中学。英国女孩子并不像美国女孩子那样一上来就这么友好。她们的传统似乎使她们变得那么不自然地矜持。”

对于美国女孩子，那些小野鸭子们你怎么看？

回答是轻轻一笑。她的面颊上显现出一对色彩美妙的、浅浅的酒窝。细细的眉毛抬向她那严格按照女大学生式样梳成的云鬓。

“开始我的姑姑阿姨们不肯让我到美国来。她们怕那些小野鸭子，也怕我受她们的影响，也变成像她们一样。我得承认刚开始的时候我认为她们很傻，可是后来当你已看透了表面的时候，你就会发现她们是世界上最好的朋友。在中国，一个女孩子的价值完全取决于她的家庭。而在这里，有一种我所喜欢的民主精神。”

林徽因的价值观和普通女子有很大的不同。她虽然和梁思成在一起，可并未沉浸于爱情之中无法自拔，她仍旧坚定着自己的目标和梦想，无论生活给予她什么样的打击或是诱惑，她的内心始终坚定。

哀痛：李夫人去世

林徽因生病住院期间，梁思成收到一封电报 ：“母亲病危，速归。”1915 年，梁思成的母亲在马尼拉做了乳腺癌切除手术，当时大姐夫周希哲担任菲律宾使馆总领事，大姐全家都住在那里，夏天的时候，父亲梁启超派梁思成将母亲接回天津。

1924 年，李夫人乳腺癌复发，癌细胞已经扩散，不能再动手术了，为了给她治病，全家从天津搬到北京，住在太平湖饭店。虽然病魔一直折磨着李夫人，可她却仍然独自忍受着，没有丝毫抱怨。梁思顺请来德国医生给母亲看病，花了很多钱都不见好转。当时梁思成和梁思永都准备出国，母亲安慰他们自己的病情没有大碍，会等他们回国的。哪知道这一去竟然是诀别。

林徽因得知这件事的时候，梁思成母亲的癌症已经发展到了晚期，她焦急地问梁思成 ：“你准备何时起程回家？”梁思成却摇了摇头说自己不回去了。

李夫人是梁思成的亲生母亲，同时也是一位典型的贤妻良母。1892 年夏，她随梁思成南归，在新会县茶坑村住了一年多。梁启超的老家并不富裕，全家都依仗着几亩薄田生活，而李惠贤从小在富裕的官宦之家长大，是一位名副其实的千金小姐，可她却吃苦耐劳，亲自挑水煮饭，而且从来都没有表现出来任何的不高兴情绪。

李惠仙是大家闺秀，也是梁启超的闺中良友，她意志坚强，遇事果断。1898 年戊戌变法，梁启超只身逃到日本，李惠仙带着女儿梁思顺到澳门避难，梁启超惦念家眷安慰，多次写信给李惠仙，1898 年 9 月 15 日的家信中，梁启超说："南海师来，得详闻家中近状，并闻卿慷慨从容，辞色不变，绝无怨言，且有壮语。闻之喜慰敬服，斯真不愧为任公闺中良友矣。"在那么艰险的情况系啊，李惠仙还能代替梁启超服侍老人和女儿，让梁启超非常感动。

梁启超刚来北京的时候只会说广东话，别人听不懂，婚后在李惠仙的帮助下学会了普通话，因而才有了日后的全国各地慷慨激昂的演讲。梁启超一生在政治上，特别是学术上有着巨大成就，这和李惠仙有着重要关系。李惠仙还是当年妇女运动的发起人之一。

不过李蕙仙本身受封建思想的熏陶，还是有一些"男尊女卑"的理念。她一生为了自己的丈夫，不惜掩盖身上的才华和光芒，以成就他的辉煌。而且李惠仙有些过于坚守礼法，甚至是苛刻，但是孩子们还是非常爱这个母亲的。李蕙仙病重的消息传到美国之后，梁思成由于担心母亲的病情而难过得吃不下饭。

1924 年的夏天，李蕙仙的病情已经恶化到无法逆转的地步了，八月，梁启超在给朋友的书信中提到：他决定让思成回国"以尽他应尽之孝……这病很痛苦，她离不开别人的照顾……”就当梁思成准备动身回国时，李蕙仙不幸去世了。

当时虽然正值酷热的夏季，可梁思成仍然忍不住打了个冷战，他无法接受那个表面严厉，内心柔软的母亲离开人世，再无法相见。“子欲养而亲不待”的悲剧就这么切实地发生在了自己的身上，梁思成不禁悔恨，如果自己可以早一点儿动身，如果能多写几封信，如果能多看母亲几眼……也不会如此后悔。这一切的一切随着阵阵清风飘走，什么都没有留下。

就这样，梁思成陷入了深深的自责之中，他夜不能寐，一闭眼就是没完没了的噩梦，感情从来都是相互的，眼见得梁思成日渐消瘦，林徽因很是心疼，她时刻陪在梁思成左右，轻轻地拍着他的肩膀，希望可以借此让他安眠。在林徽因的陪伴下，梁思成终于走出阴霾，重新回归到学习中。

无助：林家传来噩耗

父母给了孩子生命，陪着孩子走过一个又一个春夏秋冬。无论孩子在外面遇到什么样的困难，家永远是孩子最温暖的港湾。

在美国的那段日子里，林徽因源源不断地汲取知识，她凭借自己在建筑和绘画方面的天赋，一跃成为同学们眼中的“女神”，也正是如此，林徽因在耶鲁大学戏剧学院占据着至关重要的地位。

梁思成也在埋头苦读，钻研建筑学，他疯狂地搜集着哈佛图书馆中有关中国建筑的介绍，因为在他的心里一直有着一个宏图——希望回国后可以通过自己的努力，记录、呈现独特的建筑之美。但让人感到惋惜的是，这个偌大的图书馆里并没有多少关于中国建筑的知识，梁思成只好再想其他办法。他开始制作各种各样的注解卡片，记录专业性的术语、测量方法，希望回国之后能派上用场。这些工作都给林徽因和梁思成的建筑工作的开展提供了很大便利。

终日绘图的梁思成内心之中开始产生忧虑，他担心长此以往自己会变成一个只会画图的画匠。他甚至为此专门写信给自己的父亲梁启超。梁启超是位著名的思想家，更是位慈祥的父亲，他很了解儿子内心的担忧，希望自己的回信能帮助儿子：

“你觉得自己天才不能负你的理想，又觉得这几年专做呆板工夫，生怕会变成画匠。你有这种感觉，便是你的学问在这时期内将发生进步的特征，我听见倒喜欢极了。孟子说：‘能与人规矩，不能使人巧。’凡学校所教与所学总不外规矩方圆的事，若巧则要离了学校方能发见。规矩不过求巧的一种工具，然而终不能不以此为教、以此为学者，正以能巧之人，习熟规矩之后，乃愈益其巧耳。不能巧者，依着规矩可以无大过。

“你的天才到底怎么样，我想你自己现在也未能测定，因为终日在师长指定的范围与条件内用功，还没有自由发掘自己性灵的余地。况且凡一位大文学家、大美术家之成就，常常还要许多环境与其附带学问的帮助。中国先辈说要‘读万卷书，行万里路’。你两三年来蛰居于一个学校的图案室之小天地中，许多潜伏的机能如何便会发育出来，即如此次你到波士顿一趟，便发生许多刺激，区区波士顿算得什么，比起欧洲来真是‘河伯’之与‘海若’，若和自然界的崇高伟丽之美相比，那更不及万分之一了。然而令你触发者已经如此，将来你学成之后，常常找机会转变自己的环境，扩大自己的眼界和胸怀，到那时候或者天才会爆发出来，今尚非其时也。

“今在学校中只有把应学的规矩，尽量学足，不唯如此，将来到欧洲回中国，所有未学的规矩也还须补学，这种工作乃为一生历程所必须经过的，而且有天才的人绝不会因此而阻抑他的天才，你千万别要对此而生厌倦，一厌倦即退步矣。至于将来能否大成，大成到怎么程度，当然还是以天才为之分限。

“我生平最服膺曾文正两句话：‘莫问收获，但问耕耘。’将来成就如何，现在想他则甚？着急他则甚？一面不可骄盈自慢，一面又不可怯弱自馁，尽自己能力做去，做到哪里是哪里，如此则可以无入而不自得，而于社会亦总有多少贡献。我一生学问得力专在此一点，我盼望你们都能应用我这点精神。”

一席话像一盏明灯，为身心迷惘的梁思成豁然开朗，他立刻塌下心来继续钻研。虽然梁思成的疑惑得到了父亲的指点，可一旁的林徽因内心之中却莫名地然起深深的担忧，因为她已经很久没有收到家里的来信了。哪怕是自己和思成吵架的那段时间没给父亲回信，父亲也从未这么久不和自己联系过，一种莫名的不安在内心之中蔓延，有的时候，她甚至一天去好几次邮局，看看是否有父亲的来信，可每次都是失望而归。

林徽因只好写信给梁启超，终于在梁启超的书信中得知了事情的原委：林长民要去奉军郭松龄部做幕府，如今的国内政治局势不明朗，虽然很多亲朋好友都曾劝阻林长民不要去，可他那倔强的性格向来不听人劝，如今消息不明。

林徽因的心瞬间提到了嗓子眼，她太了解自己的父亲了，性格开朗，不拘小节，可又因为受祖父的影响，政治抱负颇高。在段祺瑞政府期间，他做了 3 个月司法总长，下台后一直被人嬉笑作“三月司寇”，这将他内心的政治火焰燃烧得更旺了，只是一直没机会施展自己的才华。哪怕在伦敦，林长民也不止一次向林徽因表示，只要有人给他机会，他一定能乘风破浪。林徽因明白，只要是父亲认定了的事，他都会不遗余力，甚至不惜牺牲自己的生命。

等待总是漫长的，林徽因每天都生活在矛盾之中，既希望得到父亲的消息，又害怕听到不幸的消息。无论林徽因如何祈盼，噩耗还是从大洋那头传来了：有消息说郭松龄在滦州召集部将会议，起事倒戈反奉，通电张作霖下野，并遣兵出关。还有消息说郭军在沈阳西南新民屯失利，郭部全军覆没。

但不管是哪个消息，最终的结果都是林长民死了。林徽因感觉自己似乎突然缺失了一个巨大的精神支柱，她的心像是被沉重的棒喝重重敲击着。梁启超在信中写道：

“今天报纸上传出可怕的消息，我不忍告诉你，又不能不告诉你，你要十二分镇定着，看这封信和报纸。我们总还希望这消息是不确的，我见报后，立刻叫王姨入京，到林家探听，且切实安慰徽因的娘。我现在总还存万一的希冀，他能在乱军中逃命出来。万一这希望得不着，我有些话切实嘱咐你。

第一，你自己要十分镇静，不可因刺激太剧，致伤自己的身体。因为一年以来，我对你的身体，始终没有放心，直到你到阿图利后，姐姐来信，我才算没有什么挂念。现在又要挂起来了，你不要令万里外的老父为着你寝食不安，这是第一层。徽因遭此惨痛，唯一的伴侣，唯一的安慰，就只靠你。你要自己镇静着，才能安慰她，这是第二层。

第二，这种消息，谅来瞒不过徽因。万一不幸，消息若确，我也无法用别的话解劝她，但你可以将我的话告诉她：我和林叔的关系，她是知道的，林叔的女儿，就是我的女儿，何况更加以你们两个的关系。我从今以后，把她和思庄一样看待，在无可慰藉之中，我愿意她领受我这种十二分的同情，度过她目前的苦境。她要鼓起勇气，发挥她的天才，完成她的学习，将来和你共同努力，替中国艺术界做点儿贡献，才不愧为林叔的好孩子。这些话你要用尽你的力量来开解她。”

梁启超的来信无异于晴天霹雳，几乎将她所有的希望尽毁于一旦。林徽因和梁思成留学的这两年，先是二人冷战半年之久，随后梁思成的母亲离世，他才刚刚从悲恸中恢复过来，林徽因的父亲那边就传来了可能遇难的不幸消息。

林徽因开始不断梦到父亲，梦到自己回到了小时候，父亲牵着自己的手站在池塘边的石桥上，父亲轻轻将她抱起，站在夕阳下，看着河里随风轻曳的莲花，小徽因发出响亮而清脆的笑声……后来她和梁思成远赴美国，父亲的信总是一封挨着一封，从未中断……

对于林徽因来说，父亲就是自己的精神导师，他如同夜空的明星，给予她光明和方向。父亲的爱是那么深沉、内敛，可是她知道，只要自己需要，父亲一直都在身边。一切疑难问题经过父亲之手都会变得迎刃而解，经过几年的父女相处，父亲在林徽因心目中的形象越来越高大。

如今，有人告知她父亲遇难的消息，她不知道自己该如何面对这个突如其来的噩耗。可是林徽因也明白，自己的父亲是个敢作敢为的男子汉，他敢于不顾一切追逐内心的渴望，亲手触摸自己向往的政治天堂，伸展政治抱负。在林徽因收到飘过大西洋寄来的“确认信”的一刹那，她几乎昏厥过去了。梁启超在信中写道：

“我初二进城，因林家事奔走三天，至今尚未返清华。前星期因有营口安电，我们安慰一会儿。初二晨，得续电又复绝望。昨晚彼中脱难之人，到京面述情形，希望全绝，今日已发丧了。

遭难情形，我也不忍详报，只报告两句话：（一）系中流弹而死，死时当无大痛苦。（二）遗骸已被焚烧，无从运回了。我们这几天奔走后事，昨日上午我在王熙农家连四位姑太太都见着了，今日到雪池见着两位姨太太。

现在林家只有现钱三百余元，营口公司被张作霖监视中。实则此公司即能保全，前途办法亦甚困难。字画一时不能脱手，亲友赙奠数恐亦甚微。目前家境已难支持，此后儿女教育费更不知从何说起。现在唯一的办法，仅有一条路，即国际联盟会长一职，每月可有两千元收入。我昨日下午和汪年伯商量，请他接手，而将所入仍归林家，汪年伯慷慨答应了。现在与政府交涉，请其立即发表。此事若办到，而能继续一两年，则稍为积储，可以充将来家计之一部分。

我们拟联合几位朋友，连同他家兄弟亲戚，组织一个抚养遗族评议会，托林醒楼及王熙农、卓君庸三人专司执行。因为他们家里问题很复杂，兄弟亲戚们或有见得到，而不便主张者，则朋友们代为主张。这些事过几天我打算约齐各人，当着两位姨太太面前宣布办法，分担责成。但现在唯一希望，在联盟会事成功，若不成，我们也束手无策了。

徽音的娘，除自己悲痛外，最挂念的是徽音要急杀。我告诉她，我已经有很长的信给你们了。徽音好孩子，谅来还能信我的话。我问她还有什么话要我转告徽音没有？她说：'没有，只有盼望徽音安命，自己保养身体，此时不必回国。'

我的话前两封信都已说过了，现在也没有别的话说，只要你认真解慰便好了。徽音学费现在还有多少，还能支持几个月，可立刻告我，我日内当极力设法，筹多少寄来。我现在虽然也很困难，只好对付一天是一天，倘若家里那几种股票还有利息可分，今年总可勉强支持，明年再说明年的话。

天下大乱之时，今天谁也料不到明天的事，只好随遇而安罢了。你们现在着急也无益，只有努力把自己学问学够了回来，创造世界才是。”

我的盖世英雄走了

林长民离世的消息将林徽因这个内心无比坚强的女子瞬间击垮，她顿时感觉自己的世界崩塌了。

对于一个年轻的女学生来说，有什么比父母健健康康更让人欣慰呢？他们的健康是她奋斗前行道路上的助推剂，他们的快乐是她展现笑容的源泉，只可惜，一切来得那么快，转眼之间从天堂坠入地狱。对于这样的变化，林徽因无法接受，也不能理解。她甚至起了幽怨之心，究竟是什么样的政治抱负可以让自己的父亲不顾家里的老小冒着生命危险去参与？

梁启超在梁思成的回信中了解到了林徽因的现状。试想，一个多愁善感的女孩好不容易走出家庭的幽怨和琐碎，终于在父亲的引导下变成一个才思敏捷的窈窕淑女，虽然偶尔会感到迷茫、遇到挫折，可是在家人的庇护下也算顺风顺水，这突如其来的灾难几乎将她压垮，梁启超曾一度写信给林徽因，希望她可以及早走出阴霾。

没过多久，林徽因接到叔叔林天民的信和报纸，她从《京报》《益世报》《大公报》《盛京时报》等报刊上知道了父亲亡故的详细经过。

父亲受郭松龄将军的邀请参加了这次反奉战争。当时郭松龄向全国发表宣言：反对内战，倡导和平；要求张作霖下野，惩办内战罪魁杨宇霆；改造东北，再造三省新局面。这个施政方针，有着鲜明的民族民主革命性质，得到了中国共产党、国民党左派和一切进步团体以及各界群众的热烈欢迎，一时间，京津及全国各地，纷纷集会、发表通电支援郭军行动。

郭部开出十余列火车驶进山海关，出关后，迅速击溃辽西奉军各部，张作霖手里没有援兵，惶惶准备下野。就在这个时候，日本公开武力干涉，一度郭军受阻。

1925 年 12 月 21 日，郭松龄在辽河两岸的新民召开紧急军事会议，决定当晚向张作霖的“讨逆军”发动总攻击。两个多小时激战后，逼近张部指挥中心。

后来由于张作霖的大军反攻和郭部内部出现了通奉的叛徒，形势急转直下，郭军节节溃败。郭松龄见全线失利，遂宣告他率一部突围，同夫人韩淑秀、幕府饶汉祥、林长民及卫队乘马车向锦州方向奔逃，在行至新民县西南四十五华里苏家窝棚时，被穆春师王永清骑兵追上，郭松龄带领卫队进入村中，凭借村舍进行抵抗，卫队死伤过半，林长民中流弹身亡。郭松龄夫妇藏于民家菜窖中，后被搜出押往辽中县老达镇，25 日被押至距老达镇五里许的地方枪杀。

林徽因放下手中的信时已经泣不成声，梁思成每天都陪伴在她身边，她因为难过而吃不下饭，他就一勺勺喂给她吃。梁启超是林长民昔日的挚友，看着自己的挚友如此年轻便离开人世，他的内心也是无比惋惜。

林长民一生两袖清风，并没有什么积蓄，他留下两个太太和一大帮未成年儿女、一个出国留学的女儿，他这一走，家里上上下下的生活也成了问题。此刻的林徽因最记挂的是年迈多病的母亲和自己那几个幼小的弟弟，得知一家人即将无法维持生计之后，她执意要回国，无奈梁启超频频电函阻止，说是福建匪祸迭起，她一个女儿家万一出现意外只会让林家雪上加霜。后来她想自己回国考取清华官费或在美国打工一年，解决留美经费的问题，再次受到了梁启超的劝阻。这是林徽因生平第一次尝到心头流血的滋味，她感觉自己似乎被命运扼住了喉咙，即将窒息死亡。

梁启超非常体谅林徽因此刻的担心。所以在林长民去世的消息得到确认之后，梁启超开始书信给其他朋友：“彼身后不名一文，孀雅满堂，亶粥且无以给，非借赈金稍微接济，势且立濒冻馁。”他希望大家可以伸以援手帮帮林家。

虽然父亲去世了，林徽因还没有悲恸之中走出来，但是身边有梁思成的体贴照顾。远在家乡的伯父梁启超为了林家的事四处奔走筹款，筹建“抚养遗族评论会”。虽然最终由于筹集的钱财有限不了了之，可梁启超始终在不停地奔波着。

谁的一生都不会一帆风顺地走下去，偶尔的逆境可以让人变得更加坚韧。不过还好，每个人身处逆境的时候都会有一双手默默在身侧扶持着自己，帮助自己跨过重重磨难，找回生活的希望。

加入“中华戏剧改进社”

虽然没有人想让挫折靠近自己，可是谁都不能阻挡挫折的到来。随着时光的流逝、阅历的增多，人也会越来越坚强，终有一天会变成坚硬的壁垒，保护自己以及自己想要保护的人。走出低谷的林徽因不顾他人的同情毅然出现在众人眼前，虽然她仍然和以前一样温柔娴静，脸上挂着微笑，可是亲近的人都察觉到了她的变化。她比以前更加专注于加入社群，希望可以在人群之中忘记那段阴暗的生活。她将自己的大部分时间都用在了“中华戏剧改进社”里。这是个专属华人的剧社。社员有林徽因、梁思成、冰心、梁实秋、顾一樵、瞿士英、张嘉铸、熊佛西、熊正瑾等十余人，大家都希望可以通过修改中国剧本，用英语演绎出来，把中国的戏剧发扬光大。由于林徽因曾经在泰戈尔的剧本中饰演过齐德拉公主，她的演出早已深入人心，她的加入毋庸置疑。

一段时间以后，“中华戏剧改进社”的第一部诗剧《琵琶记》终于呈现在大家面前，梁实秋饰蔡中郎，谢文秋饰赵五娘，冰心饰牛小姐，顾一樵饰牛丞相，这是一场堪称完美的节目，美轮美奂的布景吸引了很多留学生的眼球。

除了参加必要的社团，林徽因也开始注重结交朋友，她不断游走于社群之中，不想辜负梁启超对自己的厚爱，也不想屈服于这个世界。她不希望多年之后镜子里只留下一张苍老的面容，她想让自己每一天的生活都五光十色。

林徽因能走出阴霾，还多亏一个朋友的出现——伊丽莎白·苏特罗，林徽因非常喜欢她们家里的气氛，因此经常到苏特罗父母家中作客。苏特罗晚年时仍然清晰地记得林徽因，她是这样描述林徽因的：“她是一位高雅的、可爱的姑娘，像一件精美的瓷器……而且她具有一种优雅的幽默感。”

林徽因的生活虽然逐渐步入正轨，可梁启超的身体却是每况愈下。就在他为林长民的丧事四处奔波的时候，他发现自己的身体出了问题，一开始他还以为只是长时间的劳碌导致的，休息一段时间就能好转，哪知自己的身体情况却越来越糟，甚至痛到面色苍白，汗水浸透衣衫。

感觉到自己身体的变化，梁启超只得入院治疗。最开始住在德国医院，因为当时医生并未见过类似的病情，所以被误诊为右侧毛细血管破裂引起的身体疼痛，连续医治一段时间，情况并未好转，反而每况愈下，家人非常担心，立即转院将梁启超送至协和医院，正是由于这段时间的误诊，梁启超已经错过了最佳治疗时期。经过一段时间的诊断，协和医院给出了一个让全家人骇然的消息：梁启超的右侧肾脏坏死，需要尽快切除。

随后，梁启超在医院的安排下开始准备手术，上手术台前夕，梁启超还叮嘱家人不要将自己手术的消息告诉梁思成和林徽因，以免他们担心而影响学业。可见父爱的深沉。梁启超虽然是中国近代思想界的伟人，但他更是一位伟大的父亲。

家里人都以为动完手术，一切磨难终将过去，梁启超可以和以前一样健健康康的，可却没想到，由于手术台上护士画错了手术切口线，医生也没有仔细观察，将功能良好的肾脏切除。一代才子却由于手术台上的小小失误而提前结束了自己的生命。

即便如此，梁启超仍未向国外的子女们透露自己的身体状况，虽然自己已经被病痛折磨得苦不堪言，可是为了帮梁思成顺利完成学业，为了安慰丧父的林徽因，只要发现有关建筑的书籍，他都会第一时间收藏起来，给梁思成和林徽因寄过去。一次，梁启超无意间发现一本古书《营造法式》，他知道这本书的价值，顾不得自己的病情，披了件衣服，倚在病床上，颤颤巍巍拿着笔，给梁思成在扉页上写下寄语："一千年前有此杰作，可为吾族文化之光宠"，《营造法式》是宋徽宗的工部侍郎李诫于公元 1100 年所著，它完整记录了当时宫殿建筑的各种建造图例和标准，是迄今为止中国最早的一部建筑标准手则。远在大洋彼岸的梁思成收到书后非常开心，他仿佛看到建筑的大门正在为自己打开，这本书陪伴了梁思成一生。

和林徽因擅长交际不同，梁思成深陷书籍之中无法自拔，他在宾利法尼亚大学的图书馆里一待就是一整天，终于在不断的努力下，他比其他学生早一年完成了学业，而且考取了哈佛大学研究生学院，短短半年时间里就获得了建筑学硕士。与此同时，林徽因也在获得宾夕法尼亚大学学士学位的同时考取了耶鲁大学的戏剧学院，成为中国第一位国外学习舞美的学生。

林徽因和梁思成相互搀扶着度过了在美国求学的两年，经历了情人间该有的甜蜜和无数次争吵，共同走出丧亲的痛苦，最后决定互相依靠，互相取暖。似乎一切都在自然而然地发生着，就像时间在时钟的嘀嗒声中悄悄走过。

逆境中的那双手

每个人都要经历生老病死的过程，成家立业是人的一生之中最重要的事。已经完成学业的梁思成和林徽因也开始考虑这个问题。当二人的学业告一段落时，结婚自然被提上了日程。梁启超身在国内，由于身体原因而无法参加儿子的婚礼，就叮嘱远在加拿大的长女梁思顺和女婿周希哲帮助二人筹划婚礼。从一开始的相识到分离，再到之后的相知、相守，一切似乎都是早就筹划好了的，所以大家在听闻两个年轻的孩子决定结婚时并没有感到惊讶，有的只是真诚的祝福，相对而言，缺少了一丝惊喜和意外。

1928 年 3 月 21 日，林徽因与梁思成在总领事馆登记结婚。他们并没有像传统的中国式结婚那样测生辰八字、挑选结婚日期，只是因为这一天是《营造法式》著者李诫死后唯一刻在碑上的日期。虽然二人的选择让人觉得摸不着头脑，但他们确实用自己的方式向心目中的英雄致敬。

梁启超一直期盼着两个孩子可以早日完婚，而今梦已成真，可他却因为残躯连婚礼都不能参加。他写了一封信给梁思成：

“思成，这几天为你们聘礼，我精神上非常愉快，你想，从抱在怀里的“小不点点”，是经过千灾百难的，一个孩子盼到成人，品性学问都还算有出息，眼看着就要缔结美满的婚姻，而且不久就要返国，回到我的怀抱，如何不高兴呢？”今天的北京家里典礼极庄重热闹，天津也相当的小小点缀，我和弟妹们极快乐地玩了半天。想起你妈妈不能小待数年，看见今日，不免有些伤感，但她脱离尘恼，在彼岸上一定是含笑的。除在北京由二叔正式告庙外，今晨已命达达等在神位前默祈达此诚意。

我主张你们在坎京行礼，你们意思如何？我想没有比这样再好的了。你们在美国两个小孩子自己确实张罗不来，且总觉得太草率，有姐姐代你们请些客，还有在中国官署内行谒祖礼（礼还是在礼堂内好）才庄严像个体统。

婚礼只在庄严不要侈靡，衣服首饰之类，只要相当过得去便够，一切都等回家再行补办，宁可节省点儿钱作旅行费。”

梁启超对两个孩子的结婚事宜想得面面俱到，丝毫未因好友林长民的去世或两个孩子不在北京而有所懈怠，他凡事亲力亲为。连一时用不到的聘礼都交代得非常清楚：

“聘物我家用玉佩两方，一红一绿，林家初时拟用一玉印，后闻我家用双佩，他家中也用双印，但因刻玉好手难得，故暂且不刻，完其太璞。礼毕拟两家聘物汇寄坎京，备结婚时佩戴，唯物品太贵重，深恐失落，届时当与邮局及海关交涉，看能否确实担保，若不能，即仍留两家家长，结婚后归来，乃授予保存。

相识九年，经过漫长的爱情长跑，两个年轻人终于站在了牧师的面前，梁思成身着笔挺西服，庄严端正，轻轻地擦拭了林徽因眼角的泪滴，从今以后执她的手，经过岁月的印证，一起白头。林徽因一袭拖地的洁白婚纱，小巧玲珑、甜美可爱，将代表着牵绊的戒指套入了新郎的指环，从此以后风雨同舟，不再回头。经过了庄重的宣誓，婚礼终于结束，现场的亲友们爆发了雷鸣般的掌声，为这对年轻的新人送上祝福。”

一直和林徽因有些不和的梁思顺看到弟弟和弟妹这样的天作之合也是激动得流下泪水，看到弟弟脸上洋溢的幸福，她突然觉得自己和林徽因之间的不愉快也不那么重要了……的确，当我们看到自己心爱的人幸福时，自己的付出也就不算什么了，他爱谁，我们即使不爱，也不觉得那么讨厌了……

婚礼结束之后，两个人静静地坐在房间里，大红喜字贴在床头十分显眼，满地的康乃馨花瓣落在了床和座椅周围，皎洁的月光透过薄薄的窗帘射在墙面，两个人就这么静静地看着对方，突然又都羞赧地低下了头。

良久，梁思成轻轻地问道："有一句话，我只问这一次，以后都不会再问，为什么是我？"林徽因回答说："答案很长，我得用一生去回答你，准备好听我说了吗？"听完林徽因的回答，梁思成会心地笑了笑。林徽因如同夜空中耀眼的明星，即使她就那么安静地站在原地，也会引来无数观望的眼光，除了徐志摩，还有很多爱慕者追求过她，可都被她一一拒绝了。人的一生当中会遇到很多过客，但只有一个人会是你心中最坚定的目标。

梁思成在写博士论文的过程中发现，他在建筑方面的资料无法满足他毕业答辩所用，很多东西都要经过实地考察、仔细琢磨之后才可以做出总结。于是他决定将自己的博士论文延后两年。对于儿子的想法，梁启超是非常赞同的，尤其是建筑这个行业，国内还没有开辟先河的情况，与其自己绞尽脑汁在那里空想，还不如借着婚后蜜月之机去见识一下不同的风景、不同的人。梁启超翻阅各类资料之后，给小两口规划了出行路线：

"你们由欧洲归国行程，我也盘算到了……我替你们打算，到英国后折往瑞典、挪威一行，因北欧极有特色，市政亦极严整有新意（新造之市，建筑上最有意思者为南美诸国，可惜力量不够供此游，次则北欧可观），必须一往。由是入德国，除几个古都市外，莱茵河畔著名堡垒最好能参观一二，回头折入瑞士看些天然之美，再入意大利，多耽搁些日子。把文艺复兴时代的美，彻底研究了解，最后便回到法国，在玛赛上船，到西班牙也好，刘子楷在那里当公使，招待极方便，中世及近世初期的欧洲文化实以西班牙为中心。中间最好能腾出点儿时间和金钱到土耳其一行，看看回教的建筑和美术，附带着看看土耳其革命后的政治。关于这一点，最好能调查得一两部极简明的书（英文的）回来讲给我听听。”

其实此时梁启超的病情已经非常严重了，可他却并未表露出一丝痛苦，在众人面前仍旧是一副面带微笑的和蔼面孔。他操持了儿女们在北京的婚礼之后，又开始帮助他们规划蜜月行程。在和两人通信的过程中，他一直在说旅行和二人安危的事，却只字未提自己的病情。

婚礼结束之后，梁思成和林徽因与大姐梁思顺道别便踏上了去往伦敦的征程。经历了几年的打磨，两个人都已经变得很沉稳了，经过一段时间的学习之后，梁思成逐渐成为典型的“理工男”，越来越低调、沉稳、老练，林徽因也成长了很多，开始懂得夫妻之间的相互迁就。相处的过程中，都懂得付出才会更和谐，如果一直要求对方付出，自己却坐享其成，那么这段感情就会很难维持下去。

伦敦之行

游轮带着他们过了一站又一站，终于到了他们计划中的第一站——伦敦，泰晤士的河水仍然静静流淌着，只是这一切在林徽因眼中不过是睹物思人，父亲的音容笑貌还在脑海之中，只可惜如今已是物是人非、天人永隔，父亲就这么永远地离开了自己，再也不能为自己分担忧愁、解决烦恼了。林徽因忍不住朝着梁思成靠了靠，此刻的她需要一个肩膀。

梁思成知道林徽因在想什么，那种失去至亲的撕心裂肺的感觉他是感同身受的，他将臂膀环在林徽因的肩膀上，用力抱住这个敏感的女人，林徽因抬头望了望他，朝他露出了感激的笑容，因为她知道，眼前的这个人，懂自己，可以看穿她坚强背后的脆弱，适时地保护自己。

对于伦敦，林徽因还是那么熟悉，但是这一切在梁思成眼中却都是那么新鲜。有美丽的夫人陪伴身侧，梁思成对未来的旅程也有所期望，他们按梁启超给他们规划的路线开始了蜜月旅程，这是他们一生当中最快乐的时光。

他们在伦敦的第一站就是圣保罗大教堂。圣保罗大教堂的宗教气息非常浓重，是世界第五大教堂，它那独特的圆顶备受世人的瞩目。由于经过了多次破坏和重建，梁思成夫妇再看到它的时候它已经不再是最原始的那个建筑了。他们面前的圣保罗大教堂是明显的巴洛克建筑风格，是文艺复兴时期最杰出的建筑之一。

林徽因已经被圣保罗大教堂的宏伟壮观震惊得说不出话来，它高 111 米，宽 74 米左右，纵深约 157 米，穹顶直径宽达 34 米。林徽因站在地平线上，用力向后仰着头，才勉强看到它那巨大的穹顶。他们聆听着管风琴悠扬的旋律，踩上艺术大师设计的台阶，林徽因和梁思成共同感知着这座教堂带给他们的新奇。林徽因轻轻吟出了歌德的一首诗：

它像一棵崇高浓荫广覆的上帝之树 / 腾空而起 / 它有成千枝干 / 万百细梢 / 叶片像海洋中的沙 / 它把上帝——它的主人的光荣向周围的人们诉说 / 知道细枝末节 / 都经过裁剪 / 一切于整体适合 / 看啊，这建筑物坚实地屹立在大地上 / 却又翱翔太空 / 它们雕镂得多么纤细呀，却又永固不朽。

梁思成也激动地附和起来：“我一眼就看出，它并非一座人世间建筑，它是人与上帝对话的地方，它像一个传教士，也会让人联想起《圣经》里救世的方舟。”

伦敦是座历史悠久、拥有世界文化的名都，它的建筑艺术有着很多春天的特征，典雅而华美、丰富多彩。林徽因与梁思成深深陶醉于这个建筑艺术氛围之中。拥有古典内涵的英国大厦让他们心旷神怡。

最让他们倾心的是海德公园的水晶宫，整个建筑都是用铁和玻璃建造而成的，摒弃了传统建筑的形式和装饰，展示出新材料、新技术的优势。湖中间有几棵巨大的意大利柏树，粗大的根茎深深浸泡于水中，夜幕降临，五彩的灯光将这里照射得灯火辉煌，如同置身于仙境之中。林徽因挽着梁思成的手臂于湖泊周围踱步，想要将这幅天人间难得几回见的美景收入脑海之中。很多慕名而来的参观者在看着眼前的景象时都忍不住发出感叹之声。

他们就这么感受着不同建筑所展现出来的魅力，一路走来，两个人似乎达到了忘我的境界，就这么观察着、记载着，把艺术和建筑带给人们的震撼写到了日记之中，为日后回国工作奠定基础。

德国、瑞典建筑的自然风光

他们在去德国之前就已经从学建筑的朋友口中了解到波茨坦有个爱因斯坦的天文台，两个人决定在经过德国的时候一起看一看，爱因斯坦的天文台是为了纪念爱因斯坦相对论建立的，它和经过多次破坏和维修的圣保罗大教堂不同，这个的建筑时间只有 8 年，是个离他们生活的年代最为接近的世界级建筑。

这座天文台的设计独具匠心，从外形上看以塔楼为主题，墙面和屋顶浑然一体，门窗呈流线型，让人想起了轮船上的窗子，给人一种好像由于快速运动而形成的形体上的变形，用以象征动力和速度。

他们到达这里的时候刚好赶上德国波茨坦的第一场春雨，为他们洗去了这一路的风尘。雨中的爱因斯坦天文台如同一只引颈远眺的白天鹅，似乎想要振翅高飞。徽因静静地站在塔楼下面，摆了个姿势，梁思成按动照相机的快门，拍摄下了这个雨中的镜头。

在德绍市，林徽因与梁思成参观了著名的包豪斯学院校舍，这座新建的校舍的设计格局、构图手法和建筑处理技巧都被后世人广为使用。设计师为 W. 格罗皮乌斯，也是包豪斯学院的校长。他利用钢筋、钢筋混凝土和玻璃等新材料以突出材料的本色美。在建筑结构上充分运用窗与墙、混凝土与玻璃、竖向与横向、光与影的对比手法，使空间形象并显得清新活泼、生动多样。崭新的形式与林徽因和梁启超见过的所有建筑都不一样。林徽因认真地临摹着这座建筑的素描，他觉得纸上的每一条线似乎都有了生命和意志。

当时这座建筑群的美还并未被更多人发现，林徽因断言：“它终有一天会蜚声世界。”一年之后，林徽因在东北大学建筑系授课，专门讲了包豪斯校舍：“每个建筑家都应该是一个巨人，他们的智慧与感情，必须得到均衡而协调的发展，你们来看包豪斯校舍。”她将自己的素描图挂到了黑板上，“它像一篇精炼的散文那样朴实无华，它摒弃附加的装饰，注重发挥结构本身的形式美，包豪斯的现代观点，有着它永久的生命力。建筑的有机精神，是从自然的机能主义开始，艺术家观察自然现象，发现万物无我，功能协调无间，而各呈其独特之美，这便是建筑意义的所在。”

他们还在德国考察了巴洛克和洛可可时期的很多建筑：德累斯顿萃莹阁宫、柏林宫廷剧院、乌尔姆主教堂和希腊典雅风格的慕尼黑城门，历时 632 年才兴建成的北欧最大的哥特式教堂——科隆主教堂，让他们大饱眼福。从这些建筑之中，他们看到了奋发向上的日耳曼民族精神，看到了一个民族文化历史的积淀。他们飞快地按着照相机的快门，将一个个瞬间都记录下来。

结束德国的旅行之后，他们又去了世界公园之国——瑞典，日内瓦是他们最向往的地方，小城只有十万人口，处在群山环抱之中，不到半个小时就能跑遍全城。

日内瓦的历史悠久，这个名字最早出现在公元前一世纪尤里裘斯·恺撒的《高卢纪事》一书之中，于 1032 年并入罗马帝国版图，湖边的葡萄树就是罗马人引进的。罗马帝国崩溃之后在萨瓦王朝和法兰西人统治下生活。1602 年为避免萨瓦再度入侵，日内瓦和法国的亨利四世签订和平协议，政治上换取了瑞士联邦独立，为此在土地上付出了昂贵代价。让人没有想到的是，法国胡格诺派的金融业者将制表业带入日内瓦小城，不到百年，日内瓦就成了欧洲最富裕的城市。

日内瓦最著名的是自然风光，莱蒙湖是阿尔卑斯山下最大的湖泊，湖水清澈见底，纯净至极，一柱蹿天的“杰多泉”水，高 140 米，是日内瓦最受人注意的标识。据说，在 1886 年建造的时候是为了焊接城市水利系统压力设的安全装置。

岸边的小船一艘挨着一艘，扬起三角帆，临风摆动，那白色给人以安详和慰藉的感觉。五颜六色的天鹅成群结队游在湖面，给安详的湖面增添了几许生机。他们还参观了城内的卢梭纪念馆、圣皮埃尔教堂、市政大厅国联大厦等处，对日内瓦这片土地有着深刻记忆。他们整整在日内瓦待了一个星期，之后乘火车赶到了米兰。

赶赴意大利

米兰是意大利北部的一座小城，因米兰大教堂驰名世界。这座教堂远远望去如同一片尖塔森林，乳白色的大理石在阳光的照耀下徐徐生辉。阿尔卑斯山在教堂的背景上和教堂不分高下，交相辉映。教堂位于巍峨之外，更增加了几分庄严和神圣。尖塔共计 135 座，塔上的雕像共有 3615 个，都和真人般大小。这座大教堂长 168 米，宽 59 米，四排柱子分开了一座宏伟大厅，每根柱子高约 26 米，圣坛周围支撑中央塔楼的柱子每根高约 40 米，直径达 10 米，由大块的花岗石叠砌而成，外包大理石。所有柱头上都有小龛，里面是工艺精美的雕像。

林徽因指点着教堂的环形花窗对梁思成说："你看这玫瑰形的窗子多么神奇啊，它就像《圣经》中描述的永恒的玫瑰，但丁的诗中也说，玫瑰象征着极乐的灵魂，在上帝身旁不断地放出芬芳，歌颂上帝。"

梁思成赞同地说："那玫瑰的叶子，一定是代表信徒们得救的心灵。"当地的向导说："难怪看过这个教堂的人都说，这个玫瑰窗是傻子的《圣经》，因为它以象征和隐喻的语言说出了基督的基本精神。你们再看看那柱子上的雕刻——"那向导用手指向柱子，林徽因和梁思成的目光也朝着那个方向望了去，那些作品故意雕刻得参差不齐，而且没有雕刻神像，取而代之的是做弥撒的狼，对鸡、鸭传道的护理，或长着驴耳朵的神父等。他们觉得这些雕刻反映的是中世纪人们对当时的社会形态、教会文化的不满，是对宗教神权、禁欲主义的反讽。

随后他们又去了水城威尼斯，它位于意大利半岛的东北隅，建在 118 个小岛上，最外层是沙堤，将这座城市和亚得里亚海隔开，穿过全城大运河，看起来像个反写的"S"，这段河道就是大街。

林徽因和梁思成乘着小船，在花团锦簇的河道上游弋着，两岸耸立着罗马时期的建筑。他们一直乘船游到威尼斯的中心——圣马可广场，拿破仑曾将这里称作最漂亮的客厅。他们沿着弯弯曲曲的小巷穿过东北角门，终于到达了宽阔的广场。这里的建筑非常别致，尖端高耸，在蓝天白云的映衬下让人心旷神怡。尤其是蜿蜒绵长的券廊，将高低不同、年代不同、风格不同的建筑统一在一起，看起来和谐并有美感。广场内栖息着一群鸽子，它们肆无忌惮地在游人身旁啄食。

广场正面是圣马可教堂，建于十一世纪，最初是拜占庭式，十四世纪加上了哥特式拱门装饰，十七世纪加上了文艺复兴时期的栏杆，融各个时期的建筑风格于一体。教堂西南是一座高100米，半面方形的钟塔，建于九世纪，十四世纪重建，十六世纪初于塔顶建了一座天使像。教堂左前方是一座十五世纪钟楼，楼顶是座巨钟，钟的两旁是两个铜铸敲钟人。

夜晚的威尼斯分外迷人，歌女们穿着漂亮的彩衣在歌船上唱起了佩特拉克的《罗拉的面纱》，林徽因被这美妙的歌声迷住，她不禁冲着身旁的梁思成称赞道："思成，你听这歌声多美，威尼斯的夜景让我想起了中国的秦淮河，桨声灯影里，歌女们怀抱着琵琶，唱杨柳岸，晓风残月。"

在威尼斯待了两天，两个人乘车去了意大利首府罗马，他们刚到罗马就结识了一个名叫塔诺西的姑娘，他是个大学建筑系三年级的学生，满头的金发，蓝宝石般的眼睛散发着纯情的光芒。塔诺西会讲英语，他听说林徽因和梁思成正在考察文艺复兴时期的古建筑，毛遂自荐给他们当向导。

两人从塔诺西的口中得知，罗马是拜占庭的故地，不了解拜占庭就不了解文艺复兴。在中国的南北朝分裂时期，罗马帝国分裂，奴隶制处在消亡时期，每个民族的历史时期都有其独特的文化和艺术成就，建筑文化和艺术价值的骄傲也正在于此。

对于塔诺西的见解，林徽因是非常欣赏的。梁思成坚持从拜占庭艺术之前的建筑看起，这个建议得到了塔诺西的响应，他们决定先到庞贝古城遗址和古罗马角斗场。于是，三人驱车前往那不勒苏威火山。塔诺西在车上一个劲儿地对两人强调："意大利是一部世界建筑师，你们可得多看看。"

庞贝是一座地下城，公元一世纪时它还非常繁华，有两万五千居民，公元 79 年 8 月 24 日中午 1 时，沉睡了一千五百年的维苏威火山突然爆发，火山灰吹至罗马和埃及，等到火熄灭之后，庞贝尔城已经被大火吞噬，变成了废墟。

三个人沿着地下城的街道走着，街道笔直而宽广，最宽的地方有十米左右，两旁的建筑用石头垒砌而成，楼层是木屋。塔诺西边走边给他们介绍起店面：鞋店、成衣店、酒馆、银桩……中心广场的阿波罗神庙上仍然留着精美的石柱。很多室内都装饰着壁画，他们在一块石头上发现了年代久远的字迹，塔诺西仔细辨认一会儿后给两人解释了上面的内容"5 月 13 日角斗士和野兽搏斗"。林徽因说："一座城市壮烈地死去了，可是它却以顽强的精神力量延续下去，它总是带着这种精神语言流传。思成，你说是吗？"梁思成赞同地点了点头。

古罗马角斗场是一个给人以震撼和悲壮的地方，椭圆形的斗兽场就像两个对接的半圆形舞台，柱子与墙体全都用大理石垒砌，高达 48.5 米，上下共分 4 层，全部用混凝土、凝灰岩、灰华石建造而成，历经两千年的风吹日晒雨淋，却仍然非常坚固。

塔诺西告诉林徽因，这个角斗场能容纳八万名观众，古罗马以武功发迹，这个国家对“武”的推崇也在这座建筑中反映出来了。罗马时代有很多进步的文化，包括物质和精神两方面。文艺复兴时期的建筑理论主要受罗马古建筑影响。他们就在这里欣赏这座宏伟的建筑，一直到夕阳染红了天际。

塔诺西对罗马是非常熟悉的，而且她几乎了解每一处的建筑的历史和闪光点。他们几乎走遍了罗马城，看到了卡必多山上的建筑群，马西米府邸和维晋察的圆厅别墅，这些建筑鲜明地表现出文艺复兴时期的建筑语言与文化形态，体现出建筑与人之间的亲切感。他们一起参观了圣彼得大教堂和圣卡罗大教堂。圣彼得大教堂建立于十七世纪初，工期历时一百二十年，它可以说是文艺复兴时期最辉煌的建筑。罗马人的智慧和文明让人着迷，罗马古城如同一幅人类历史进程图，向人类展示着辉煌。

西班牙、巴黎的王宫

告别了罗马古城和塔诺西之后，林徽因和梁思成又乘火车去了西班牙，他们去了阿尔瓦特省首府格拉纳达。他们赶到这座城市的时候已经是下午四点，安排好住宿之后已经是五点多，当时参观阿尔汗布拉宫末班的旅游车早就已经发出，由于时间安排得紧凑，两个人不能在西班牙逗留太久，于是便雇了辆马车赶往那里。到了那儿，宫门已经关闭，两人开始央求守门人放他们进去，看到两个年轻人脸上诚恳的表情，守门人终于答应陪他们入宫参观。

阿尔汗布拉宫是中世纪摩尔人王国的王宫，它屹立在山丘之上，周围环绕着高大的红石围墙与城堡。王宫里的主要建筑是两块宽敞的长方形宫院，正殿几乎是全封闭的墙，中央是个石头砌成的大水池，周围栽满了桃金娘花。大厅呈正方形，厅顶呈圆形，内设御座，是觐见的地方。

后妃们居住在狮子院的另一个长方形宫院内，周围环绕着游廊，地面铺设着彩砖，墙壁上镶着蓝黄两色的边，院子的中心是狮子泉，雕刻着十二头白狮，熠熠生辉，气势凌人。附近的姐妹厅是摩尔人钟乳石穹顶的代表性作品。

阿尔汗布拉宫环境优美宁静，庭院之中种着玫瑰、橘、桃金娘等树，多为摩尔人遗存下来的。林徽因和梁思成游览宫中景色，直到暮色降临。他们向管理员表示感谢后便乘着马车返回到旅馆。

之后两人从格拉纳达绕道马拉加，乘火车赶往法国的巴黎。在这里，他们看到了位于巴黎南部的枫丹白露宫，这座宫殿最初被称作“比耶森林”，后来一位法兰西国王在狩猎的过程中无意间闯入森林才发现它，于是决定将这个风景优美的地方作为猎庄。

1582 年，法兰西一世开始扩建这座宫殿，直到路易十五时期，历代国王都曾扩建过宫殿。参与设计的除了法国建筑师，意大利建筑师也参与其中。

王宫的形态完全是意大利文艺复兴时期的建筑风格，可又和那些冷漠、机械、没有生命感的建筑有所不同，它充满了大自然的韵味。法兰西一世时期，建筑师布瑞顿先后改建了奥佛二院，增建夏佛尔·勃朗克院，这是座很大的长方形四合院，四面都有建筑，屋顶是老虎窗、方塔、装饰性小山墙。

拿破仑曾于 1814 年 3 月将枫丹白露辟为寝宫，不过他只在这个地方住了五天就被迫退位。登上通向厄尔巴岛的流亡之路迁徙，于德鲁奥和贝特朗两位将军陪同下走出这座古城。一年后他又策划了“百日政变”，重回枫丹白露。如今，拿破仑的行宫白马院已经改名为“诀别院”，为的是见证拿破仑的厄运。梁思成不禁感叹：“真是人事有代谢，往来无古今啊！”

走出城堡，两人漫步在枫丹白露大森林中，英吉利花园里的白露泉拂手轻烟，远远望去好似蒙蒙迷雾，阳光透过浓阴洒在草地上，森林和草木散发出新鲜的蘑菇味。

林徽因问梁思成：“你知道这里为什么叫枫丹白露吗？”梁思成回答说：“传说那个打猎的国王在这里丢失了一条爱犬，名唤‘白露’，于是令士兵们四处寻找，终于在森林深处美丽的泉水边找到了它，而士兵们也被眼前的美景迷住，于是就给这泉水命名为白露泉。”林徽因莞尔一笑反驳道：“那不过是个传说。公元一世纪有个叫鲁卡纳斯的诗人曾写过一首叫《法萨莉亚》的史诗，上面是这样描述这片森林的：岁月不曾侵犯，/ 这神圣的森林；/ 在浓密的树荫下，/ 长夜漫漫无垠……这白露，并非泉名，而是‘美丽的流水’之意。”

林徽因想去看看森林西边的巴比松，那是十九世纪农村画的发源地，可梁思成却催促她去看罗浮宫，她这才依依不舍地离开。

罗浮宫是号称太阳王的路易十四的王宫，也是欧洲最为壮丽繁华的宫殿之一。宫门的方形铜牌上记载着它上溯到十三世纪初的历史，1204 年飞利浦·奥古斯塔第一个在此地建立一座城堡。1546 年，法兰西斯一世勒令将其改建为宫殿，到亨利二世才完成宫殿的最初部分，至路易十四时代全部完工。至十七世纪末，宫殿之中最阔气的时代已经随着路易十五、十六的皇权衰落而一去不复返，罗浮宫也从王宫变成了国家美术馆。

公众珍藏的古希腊、古罗马雕塑艺术品和油画让林徽因挪不动眼珠：古埃及的《司芬克斯》，米开朗琪罗的《奴隶》，卡尔波的《舞蹈》，鲁本斯的名画《玛丽·美第奇画传》，穆里洛的《年轻乞丐》，伦勃朗的《伊丽莎白》，震撼了世界的三幅名作《美洛斯的维纳斯》《萨莫色雷斯的胜利女神》和达·芬奇的《蒙娜丽莎》。林徽因感觉自己的心脏激动得快要跳出胸膛，她突然想起徐志摩在剑桥时说过的话：“美必须是震颤的，没有震颤就没有美。”此时此刻此地，她终于体会到了这种震颤的力量。

两人从《萨莫色雷斯的胜利女神》雕塑后面的台阶上楼，进入“水浒画廊”，这条长廊和塞纳河平行，有 275 米长，这里有枫丹白露派代表作《卡布里埃·德维拉尔公爵夫人》和勒南三兄弟的画《乡村生活场景》，作品风格质朴，生活气息浓郁。她们从这里转向“等级大殿”，就看到了拉斐尔的《美丽的女教师》《圣米歇尔击败恶魔》，维罗奈斯的《丘比特雷劈罪恶》《加纳的婚礼》和提香的《乡野音乐会》。林徽因感觉自己似乎被某种力量牵引进意大利文艺复兴时期，眼中饱含泪水。

从“等级大殿”出来，两人由“水浒画廊”转到十九世纪绘画厅，大卫的《温泉关之役》，热里果的《美杜莎之花》和德拉克洛瓦的《自由引导人民》等浪漫派作品让他们享受了一番熏陶。林徽因打开画夹，开始临摹这些画，画着画着竟然忘记了时间和周围的人。

第二天，他们来到巴黎的凡尔赛宫，凡尔赛宫殿集建筑、园林、绘画于一体，体现出法国十七、十八世纪光辉的艺术成就。这里原本是沼泽和森林，只有一座路易十三的猎庄，后来路易十四以猎庄作为中心建造起了豪华宫殿，相继委任勒伏和孟莎担任主设计师。虽然路易十四聘请了一流的建筑师、造园师、画家等参与到建造的过程中，可他仍然亲自来到施工现场进行指挥，一直到竣工。两个人走进古堡前的演兵场的时候还看到了路易十四骑马的铜像。微风轻拂过水晶般的喷泉，大花园里的玫瑰和蔷薇散发出幽香。

王宫内有一个长达十九间的大厅——镜厅，它闻名世界。梁思成狐疑地围着大厅转了半天都没有找到一面镜子。林徽因指了指绿色和淡紫色大理石柱子背面的十七面拱形镜子，和廊柱浑然一色，很难分辨出来，阳光照进大厅才能让整个大厅满壁生辉。

梁思成恍然大悟："这下我可知道路易十四为什么被尊为'太阳王'了。"林徽因说："太阳王无法垄断阳光，而这种宫室建筑文化和艺术带来了十八世纪洛可可艺术的兴起，大概建筑文化和艺术的演变，跟社会结构的形态是同步的，它们同一个信息源，在一个因果链中，就像北京的故宫，为什么和这种建筑风格有那么多一致之处？"梁思成回答道："当时中国的漆器、纺织品和瓷器大量销往欧洲，路易十五这个贪财好色的皇帝也是有些艺术灵感的，很可能从中受到了启发，这么说来，中国人还是他们的老师呢。"

两人沿着镜廊走到底廊，莫里哀曾经于1664年5月14日在这里临时搭起舞台，演出了名剧《伪君子》和三幕《丈夫学堂》，之后，这位喜剧大师搬出宫殿，在花园草坪上露天表演。林徽因在平台上眺望着大运河，河面在阳光的照耀下闪烁着金色的光芒，平台周围装饰着酒神等四座青铜像，台下分列着两座长方形水池，石桩上卧着象征着卡隆河、多尔多涅河、卢瓦雷河、卢瓦尔河、塞纳河、马恩河、索纳河和罗纳河，以及一些刻画得徐徐生辉的水神像，都是勒·格罗浮大师的杰作。

在回去的路上，他们取出了一路拍下的照片，林徽因看着手中的照片哑然失笑。几乎所有照片中，建筑物都占据着大部分空间，人却只是在不起眼的角落里。林徽因故作娇嗔地打趣道："你看看你的杰作，简直将我当成比例尺了！”回到领事馆之后，他们收到了父亲梁启超发来的催促他们回京的电报，便紧锣密鼓地收拾起行囊，从水路改道旱路，乘火车取道波恩、柏林、华沙、莫斯科，穿过西伯利亚，经过伊尔库什克，回到中国。

归，父爱如山

林徽因和梁思成日夜兼程赶到别经的时候已经是 8 月 18 日，一路上，他们见到了太多的风景，看过太多的人生，如今回想起当初困扰自己的事情是多么狭隘且不值一提，并非逆境改变了心境，而是此时两人的内心都已经变得强大。

两个人顺利的旅行离不开一个人——梁启超，旅行还未开始，梁启超就寄来了明信片，并告诉梁思成“到欧洲往访各使馆时，可带着。投我一片，问候他们，托其招呼，当较方便些。你在欧洲不能不借使馆作通信机关，否则你几个月内不会得着家里人只字了。你到欧洲后，须格外多寄些家信（明信片最好），令我知道你一路境况。”凭借梁启超的人格魅力给两人开通了一条顺畅的前行之路。

虽然梁思成和林徽因已经成亲，可是作为父亲，梁启超仍然没有放下内心的牵挂，在梁启超眼中，两人还是孩子，还是自己怀中的稚子。这大概就是每位父母内心之中所纠结的事情，他们既希望孩子可以早些成长起来开始崭新的生活，又担心孩子长大后会离开自己待在他人的身边。

林徽因和梁思成在欣赏过欧洲建筑大师的力作、领略了不同的风景之后，终于从内心成熟、强大起来，对于他们而言，这次的蜜月之旅温馨而浪漫，他们不仅感受到了建筑艺术的博大精深，而且掺杂了单纯为了新奇和时尚的观光旅游。这次浪漫的学习，远离了课本的枯燥，同时近距离去碰触、勘测、考察了立体的建筑，是一种全新的体验。惊叹过后是深沉的反思。

两人在旅行的过程中始终记得梁启超的嘱托，他们依然与父亲保持着书信联系，梁启超曾在书信中写道："家里的长子已完成了这一重大的仪式。你可以想象老人们该有多高兴。特别使我欢喜的是，我一向偏向女孩，而现在有了一个和自己的女儿一样亲的儿媳。我想给你们计划一下未来，但要你们知道其中的困难。即使你找不到一份合适的工作也别灰心丧气，这还不是人生中最可怕的敌人，我们不能让这种事来压倒我们。现在，思成与她的结合，也可以告知那昔日的老友林长民了，可惜思成的林叔叔没有能够等到这一天。"可怜天下父母心，梁思成与林徽因还未返航，梁启超已经将二人未来的路铺垫好了。

梁思成多次与梁启超提过，想研究"中国宫殿"的历史，虽然梁启超始终觉得"百分之九十的古代建筑已经被毁，而目前情况又使得野外考察成为不可能"。但他仍然支持儿子，并建议他"从美学角度对中国建筑进行探讨"，在梁启超的建议下，梁思成利用业余时间学习了自己的第二专业——中国美术史。

梁启超曾经在病床上向大女儿祖露心声，他认为自己的儿子梁思成已经长大了，不想听从自己的安排，梁启超甚至说："可能我不管给他做什么样的安排他都不会同意。我感觉我是在浪费我的时间和爱。在这些方面，他实在还是太年轻和太不懂事。"即便是伟人，也有在孩子面前受挫的时候。为此，梁启超的心情非常低落，梁思成却并不知道父亲的想法。

梁思成长期不在父亲身边，以优异的成绩完成了大学四年的学习，在他心里，他对建筑学的热情是谁都不能撼动的。他非常爱自己那个博学多识的父亲，只是他已经不再是那个唯父命是从的小孩子了。

此时梁启超的身体状况已经非常糟糕了，虽然每个星期输一次血，可肾脏负担已经超出了身体负荷，梁启超却仍然不肯将病情告知远方的孩子，生怕孩子记挂，孩子们追问得多了，他也只是云淡风轻地说几句："我的身体好多了。半个月以前我在协和（北京协和医学院）输了血，验血正常。"在病情急剧变化时，他才给梁思成写了封信，希望他们早日回来："你们的信实在太少。老人都爱他们的孩子。在康复期中最大的快慰是收到你们的信。我真的希望你能经常告诉我你们在旅行中看到些什么（即使是明信片也好），这样我躺在床上也能旅行了。我尤其希望我的新女儿能写信给我。"

两个人收到信后，心中都产生了不祥的预感，于是决定放弃巴黎圣母院、万神庙等建筑的考察，直接回国。梁启超得知他们即将回来的消息，竟然觉得身体状况好了很多，常常起身到庭院中巡视。

林徽因和梁思成回到家的时候已经是大半夜了，可是门前的灯仍然亮着，那是等待许久未归的孩子们的父母期盼的灯光。林徽因看着漆黑浸透的光亮，忍不住擦拭了一下眼角的泪水，挽着梁思成的手臂快步走回家中。梁启超特意和远在加拿大的大女儿梁思顺说了弟弟妹妹们归来的事，内心的喜悦之情溢于言表："新人到家以来，全家真是喜气洋溢。初到那天看见思成那种风尘憔悴之色，面庞黑瘦，头筋涨起，我很有几分不高兴。这几天将养转来，很是雄姿英发的样子，令我越看越爱。看来他们夫妇体质都不算弱，几年来的忧虑，现在算是放心了。新娘子非常大方，又非常亲和，不解作从前旧家庭虚伪的神容，又没有新时髦的讨厌习气，和我们家的孩子像同一个模型铸出来。"

对于林徽因和梁思成的归来，全家人都非常开心，一点儿陌生感都没有，因为他们从小就认识林徽因，时隔多年，她以另一种身份出现在家里，大家只是觉得更加兴奋。梁启超看着四年未见、已经出落得亭亭玉立的儿媳妇，打心眼里高兴。

梁思成看到父亲的身体并无大碍，那颗悬着的心也终于放下了，没有过多询问什么。其实他不知道的是梁启超此时的病情已经非常严重，只是为了不让自己的儿子和儿媳过多担心而强忍着病痛。所以在梁启超逝世后两天，梁思成登载在主要报纸大公报上的文章，第一句话就是“我父亲一向非常健康，很少生病。”梁思成到那时都没想到，父亲的隐忍和大爱。

名校任教

梁思成和林徽因回国之后，梁启超便为二人的职业绞尽脑汁，其实早在他们同游欧洲的时候梁启超就开始为他们日后的就业四处奔波了。旅途之中他们频繁收到父亲的来信，几乎每封信都谈到了回国后的就业问题：你们回来的职业，正在向各方面筹划进行，一是东北大学教授，一是清华大学教授，成否皆未可知，思永别有详函报告。另外还有一件‘非职业的职业’——上海有一位大藏画家庞莱臣，其家有唐画十余轴，宋元画近千轴，明清名作不计其数，这位老先生六十多岁了，我想托人介绍你拜他门，当他几个月的义务书记，若办得到，倒是你学问前途一个大机会。你的意思如何？亦盼望到家以前先用信表示。你们既已学成，组织新家庭，立刻须找职业，求自立，自是正办，但以现在时局之混乱，职业能否一定找着，也很是问题。我的意思，一面尽人事去找找，找得着当然最好，找不到也不妨，暂时随缘安分，徐待机会。若专为生计独立之一目的，勉强屈就那不合适或不乐意的职业，以致贬损人格，或引起精神上苦痛，倒不值得。一般毕业青年大多数立刻要靠自己劳作去养老亲，或抚育弟妹，不管什么职业得就便就，那是无法的事。你们算是天幸，不在这种境遇之下，纵令一时得不着职业，便在家里跟着我再当一两年学生（在别人或正是求之不得的），也没有什么要紧。所差者，以徽因现在的境遇，该迎养她的娘才是正办，若你们未得职业上独立，这一点很感困难。但现在觅业之难，恐非你们意想所及料，所以我一面随时替你们打算，一面愿意你们先有这种觉悟，纵令回国一时未能得相当职业，也不必失望沮丧。失望沮丧，是我们生命上最可怖之敌，我们须终身不许他侵入。

“《中国宫室史》诚然是一件大事业，但据我看，一时很难成功，因为其建筑十之八九被破坏，其所有现存的，因兵乱影响，无从到内地实地调查，除了靠书本上的资料外，只有北京一地可以着手。所以我盼望你注意你的副产工作——即《中国美术史》。这项工作，我很可以指导你一部分，还可以设法令你看见许多历代名家作品。回来时立刻得有职业固好，不然便用一两年工夫，在著述上造出将来自己的学术地位，也是大佳事。

“前在清华提议请你，本来是带几分勉强的，我劝校长增设建筑图案讲座，叫你担任，他很赞成，已经提出评议会。闻今年此类提案甚多，正付审查未表决，而东北大学交涉已渐成熟。我觉得为你前途立身计，东北确比清华好，况且东北相需是殷，而清华实带勉强。因此我便告校长，请将原案撤回，他曾否照办，未可知，便现在已不成问题了。几年评议会许多议案尚未通过，新教习聘书一概未发，而北京局面已翻新，校长辞职，负责无人，下学期校务会在停顿中。该校为党人所必争，不久将全体改组，你安能插足其间？前议作罢，倒反干净哩。”

梁启超非常希望自己的儿子可以留在清华任教。1928年6月，南京国民政府大学院和外交部一同致电清华学校教务长，委派他暂代教务，南京政府有意接管清华。其实，在清华归属问题上，大学院和外交部之间各不相让。林徽因和梁思成游历欧洲的时候，外交部派张歆海等八人到学校“查账”，其实就是在向外界宣告接管清华。第二天，大学特派接管人员高鲁等三人也纷纷到来，说是“视察”，其实也有接管之意，双方争执不下，一时间，一个清华校长的职位竟然有30多个人争抢。梁启超审时度势，决定让儿子和儿媳到东北谋职。

东北大学由张学良新政，正在四处搜集人才，全校师资大都留学于英、美、法、意、德、日、俄等世界名牌大学，梁思成和林徽因的就业问题很快就得到了解决。6月19日，两人还在旅游考察的途中，东北大学的聘请书就已经寄到了梁启超手中，且待遇优厚。梁思成800元/月，林徽因400元/月，是新聘教授里薪水最高的。

林徽因与梁思成觉得在东北大学任教也是个不错的选择，于是欣然地接受了梁启超的建议。两人回家之后还要筹备一件大事——祖先的祭告仪式。躺在病床上的梁启超又开始为两个孩子准备去北京祭扫祖先坟墓的物品。一晃十天过去了，小两口从北京赶回来后又匆匆搭上了北上的列车。这次小两口离开之后，梁启超再没能从床上站起来。

虽然有了工作，可这对年轻的夫妇仍然有些迷茫，两个刚刚走出校园的学生虽然顶着高才生的帽子，又一同到欧洲做了实地考察，可是他们能教给学生什么呢？无论如何，既来之则安之，两人还是如期赶上了东北大学的开学典礼。

这天，张学良一身戎装，眉眼间英气逼人，笔挺地站在学校的主席台上，两侧是建校以来的长老级人物：副校长刘凤竹、文科学长周守一、法科学长臧启芳、工科学长高惜冰，建校元勋背后是新晋的优秀名流学者：数学家冯祖荀、化学家庄长恭、机械工程学家刘化洲、潘成孝，建筑系主任梁思成、美学教授林徽因和文学院教授吴贯因、林损、黄侃等。

学生们走着整齐的方队经过主席台，嘹亮的口号震撼着在场所有人的心魄，浑厚的音乐吹响起大家内心的渴望。少帅进行了简短的致辞后，嘹亮的校歌响起，声音传入东北大地的每个角落。

白山兮高高，黑水兮滔滔；
有此山川之伟大，故生民质朴而雄豪；
地所产者丰且美，俗所习者勤与劳；
愿以此为基础，应世界进化之洪潮。
沐三民主义之圣化，仰青天白日之昭昭。
痛国难之未已，恒怒火之中烧。

东夷兮狡诈，北虏兮矫骁，
灼灼兮其目，霍霍兮其刀，
苟捍卫之不力，宁宰割之能逃？
惟卧薪而尝胆，庶雪耻于一朝。
唯知行合一方为责，无取乎空论之滔滔，
唯积学养气可致用，无取乎狂热之呼号。
其自迩以行远，其自卑以登高。
爱校、爱乡、爱国、爱人类，期终达于世界大同之目标。
使命如此其重大，能不奋勉乎吾曹，能不奋勉乎吾曹。

这片土地上响起了年轻人的嘶吼和呐喊声，他们的青春热血在燃烧，如同被唤醒的年轻雄狮，昂首阔步，只想早日将心目中的敌人赶出自己的地盘，还祖国完整的版图，还家人宁静的天空。

东北大学创立之初，建筑系只有林徽因和梁思成两名教职员，上课的时候教授会点名，严格限制旷课，理工科几乎全用英美大学教材，讲课、实验、做题、实习报告都用英语。四十多名学生集中在一间大教室里，座席没有年纪划分，每位教师带十四五名学生。林徽因到东大没多久就请假回家探母。她在福州受到父亲创办的私立法政专科学校同仁的热烈欢迎。回闽南的时候，她应乌石山第一中学的邀请，给全体师生讲演了《建筑与文学》，之后去仓前山英华中学讲演了《园林建筑艺术》。

林徽因担任的是美学和建筑设计课，她经常将学生们带到昭陵和沈阳故宫去上课，用现存古建筑作教具，给学生们讲解建筑和美学之间的关系。林徽因博学多才，语言幽默风趣而不失犀利，所以非常受学生们的欢迎。闲暇之际，她会和梁思成一同丈量古建筑并做记录。

这段时间里，林徽因和梁思成过得平静而充实。“师者，所以传道授业解惑也”，他们明白自己肩膀上的重任，他们将自己在宾夕法尼亚大学里学到的东西毫无保留地传授给学生们。梁思成还经常拉着林徽因一起到郊外去丈量建筑，希望通过学习来增长见解。虽然从事教书育人的工作，梁思成却始终未放弃对古建筑的热爱，那段日子里，他以常人难以想象的毅力挤出时间丈量沈阳郊区“北陵”的建筑物，虽然实验失败，可他改变了别人对建筑的看法。

梁思成也是建筑保护方面的第一人。当时的沈阳市市长以交通阻塞为理由，想拆除路边的漂亮鼓楼，梁思成得知此消息，立即找到那位官员，义正词严地说道：“毁坏容易保护难。它们一旦消失就不能再恢复了。为什么你要选择把它毁掉呢？”

林徽因也没有闲着，她白天上课，晚上给学生补习英语。由于是刚刚建系，教学任务繁重，林徽因当时虽然已经怀有身孕，但她丝毫没有因此而懈怠，照样带学生们爬东大操场后的北陵。她在上课的时候十分重视学生的野外考察，以感知建筑的魅力，通过幽默的方式传授知识。由于和学生们之间的年龄差距比较小，林徽因经常和学生们打成一片，在学生的心目中，林徽因不仅传道授业解惑，更是一位美丽而又魅力的知识女性！

很快，这位美丽的女教师就吸引了很多学生，有些甚至不是建筑系的学生都前来听她讲课，想一睹她的风姿。很多年之后，提到林徽因的时候仍然有很多人记得当年她讲课时的模样。

子欲养而亲不待

“生老病死乃人之常情”，可没有几人可以坦然面对这种结束，因为在这个世界上，我们有太多牵挂的人。

放寒假以前，林徽因和梁思成接到了家里发来的电报：父亲梁启超病重。于是两人匆忙赶回北平。下车之后直奔协和医院。当时梁启超在协和医院二楼住了近一个星期，林徽因和梁思成看到病床上的父亲被病痛折磨后的沧桑和枯瘦之后，内心之中也是无比的悲伤。

梁启超想要和自己的儿子儿媳说说话，无奈喉中痰壅，根本说不出话来。无论是“采菊东篱下，悠然见南山”的豁达，还是“菩提本无树，明镜亦非台”的大度，都是普通人无法做到的。在漫长的人生道路上，我们和太多的人有情感纠葛，很难做到不悲不喜，不骄不躁。

梁启超不仅是中国近代史上的先驱，也是这个大家族的掌舵者，他在儿女们的心目中是个屹立不倒的英雄，也是儿女们成长路上披荆斩棘的开拓者。梁思成和林徽因始终不敢相信父亲的病情竟然严重到如此地步。

父亲的主治医师杨继石和美国医生柏仑来告诉两人，梁启超的病已经是不可能挽回了。刚住院的时候由于咳嗽厉害，怀疑是肺病，拍 X 光片之后，发现肺部并未有异常，血液化验的结果发现大量“末奶利菌”，这是一种世界罕见病症，当时只在欧美发现三例，梁启超是第四例，只有碘酒可以灭除此菌，但是此时的梁启超已是病体残躯，不宜多用此药，只好通过强心剂勉强维持生命。

其实从 1926 年梁启超接受肾脏切除手术之后，出血情况就一直没有好转，他知道这样下去自己时日不多了，于是开始终日为几个孩子谋求以后的道路奔波，甚至还每天按时去处理政务，繁重的负担最终压垮了他的身体，他瘫卧在病床上，平静地接受着生命最后时刻即将到来的现实。

梁思成开始咨询父亲的主治大夫，希望他能竭尽全力挽救父亲的生命，可主治医师却无奈地摇了摇头。这个消息犹如五雷轰顶一般，梁思成的身躯瞬间有些瘫软，身旁的林徽因赶紧扶住他。他这才回忆起来，其实自己在欧洲旅行的时候，父亲经常说自己的身体逐渐好转，可他依然有一大段时间没给他们回信。回国后，父亲常常卧病在床，面色苍白，没有一点儿血色。这一切都被他忽视了，如今回想起来却是悔之晚矣。这个令他最敬爱也最爱他的父亲即将永远地离开他了。梁思成忍不住失声痛哭，一旁的林徽因也忍不住地抽泣着，虽然梁启超和她没有丝毫的血缘关系，但自己的这位公公对自己的爱丝毫不比生父少。

徐志摩也专程从上海赶了过来，可他却只能隔着门缝看望自己的恩师，看到老师病骨支离的模样，泪水忍不住涌了出来，林徽因说："父亲平常做学问太苦了，不太注意自己的身体，病到这个程度，还在赶写《辛稼轩年谱》。"

让大家稍感宽慰的是，经过一段时期中药治疗之后，梁启超的病情开始好转。作为一代思想家，他思想豁达，早已看淡生死。他邀请了徐志摩和金岳霖等朋友到东兴楼饭庄小聚，之后一起到金岳霖家中看望他的母亲。

1月17日，正当大家悬着的心稍稍放松下来的时候，却传来了梁启超病危的通知，在场的每个人都悲痛欲绝。第二天，梁启超陷入昏厥。当天《京报》《北平日报》《大公报》上都报道了梁启超病重的消息。除了家人，很多学者和民众也都无法接受这个事实，甚至纷纷前往医院探望，可是众人的热切并未留住他，1月19日下午2点15分，梁启超与世长辞，家人对外发布讣告：家主梁总长任公于一月十九日未时病终协和医院，几日移入广惠寺，二十一日接三。

"树欲静而风不止，子欲养而亲不待"一直都是人生的一大悲剧，很多人都会说"等我长大了""等我有钱了""等我有时间了"……可是年迈的父母等得起吗？生老病死是自然规律，没有人能够逃脱。此刻的梁思成内心之中尽是悔恨，如果自己可以早点儿回到父亲身边，如果能多在父亲身边待些时日，大概就能发现他不断蔓延的病情，只可惜，一切都晚了……

20日下午3时大殓，到场者除了家属之外，还有胡汝麟、王敬芳、刘崇佑、蹇念益等数十人。接三后，又给梁启超举行了佛教葬礼，仪式之中，有新式也有旧式，灵柩送至西山卧佛寺西东沟村和李夫人合葬，墓碑是梁思成、林徽因亲自设计，高 2.8 米，宽 1.7 米，碑形似榫，古朴庄重，不事修饰，下面镌刻着："先考任公政君暨先妣李太夫人墓" 14 个大字。梁思成和林徽因从未想到过，自己毕业后的首件作品竟然是给父亲设计的这座墓碑。

第五章

不忘初心：一半清凉，一半沸腾

诗人的浪漫情怀

虽然徐志摩选择了在学校教书，但是他骨子里的浪漫情怀却仍然存在着，他对自由的呐喊一直都没有被湮没，他一直在为诗歌奔走辛劳着。当初徐志摩因为追求林徽因，渴望得到林徽因的爱情而离婚，但是林徽因并没有回应他那份炙热的情感。失意的诗人陪着泰戈尔离开北京，远离了这片伤心之地。从日本回来后，伊人早已嫁做人妇，寂寞的北京城只剩下他孤零零的一个人。他一生向往精神自由，追逐纯洁的爱，无法忍受住荒无人烟的空寂，在大家始料未及中，徐志摩再次坠入情网。

这一次，徐志摩爱上的不是青春的女学生，也不是名门深闺中的女子，而是一位上流社会国色天香的大美人——陆小曼。

陆小曼是个非常美丽多情的女子，游走于上流社会的不同场合，众人对她的评价褒贬不一。其实，陆小曼也是名门之后，她的父亲是晚清的举人，母亲是个才艺双全的大家闺秀，她从小在良好的家庭环境熏陶下长大，诗词歌赋样样精通，在整个北京城都很有名。陆小曼的父母共生育九个孩子，但只有陆小曼一个人存活下来，父母对其非常宠溺。在她 17 岁时，被学校举荐到北洋政府外交部担任外交部部长顾维钧的随行翻译，这个倍受人关注的少女就这样走进了大众视野，吸引了无数人的目光。

陆小曼 19 岁时，父母将她许配给警察局局长王庚，期望她可以过上锦衣玉食的生活，和王庚一直走到白头。可是结婚没多久，陆小曼就开始厌倦丈夫的官僚式生活，两人的婚姻没多久就出现了问题。

陆小曼从小长在深宅大院，有着一颗向往自由的心，却没有自由之身，如同被折断翅膀的鸟儿，每天独自舔舐着伤口上的血，挨过着漫长的岁月。看着窗外呼啸的狂风，陆小曼紧了紧衣裳，这种孤寂的日子究竟还要过多久。

一次意外的晚会上，陆小曼看到了徐志摩，这个在京城被人传得神乎其神的大诗人和想象中有些不同。他并没有传说中的那般意气风发，反而显得有些忧郁，独自坐在宴会的角落里，轻轻晃动着红酒杯，一饮而尽后看着杯壁上残留的暗红色液体，目光有些发怔。陆小曼就这么目不转睛地盯着徐志摩，她发现自己已经被徐志摩那双深邃、忧郁、迷乱的眼神吸引了，忍不住想要沉沦其中。

徐志摩一抬头，刚好看到这个痴痴盯着自己的少妇，虽然流连于上流社会的各种场合，可身上却没有丝毫风尘之气，她端庄地站在那里，静静地望着他，两人似乎听不到周围觥筹交错的寒暄声，只是这么静静地相互凝望。

虽然明知陆小曼已婚，可徐志摩还是对她展开了猛烈的攻势，在寂寞官僚家庭中饱受折磨的陆小曼根本抵挡不住徐志摩的热情，两人迅速坠入爱河。就这样，一个交际圈的焦点，一个文艺界的诗人，闹得满城风雨。在众人眼中，两人的爱恨纠葛是那么有伤风化、大逆不道。

满京城的人都在议论两人的不耻行为，1925 年，徐志摩在舆论的压力下离开北平，前往欧洲，然而这次的离开并未让诗人从这段感情中走出来，他给陆小曼写了一首情诗，诗中饱含着对陆小曼的爱意和相思之情。陆小曼在回信中也倾吐了自己的相思之苦：“我近日常梦见你，摩，梦见你给我许多梅花，又香，又红，又甜，醒来后一切都没有了，可是那时我还闭着眼不敢动（怕吓走了甜蜜的梦境）……”

和丈夫的世俗、木讷相比，徐志摩如同一束温暖的阳光照耀在她冰冷的世界，她感觉自己就像个小女孩一样，一下子被人宠上了天。她下定决心，自己要占有徐志摩余下的岁月。

终于，陆小曼下定决心，和自己的丈夫离婚了，她的父母甚至和她断绝了关系，徐志摩的父母也不认同二人的关系，但却不像陆小曼父母那样坚决。虽然勉强同意，但是给二人提出了三个条件：一、结婚费用自理，家庭概不负担；二、婚礼必须由胡适做介绍人，梁启超证婚，否则不予承认；三、结婚后必须南归，安分守己过日子，只有三个条件都同意后，才可以结婚。

徐志摩自然满口答应，带着满心的欢喜和陆小曼筹备婚礼。1926 年 10 月 3 日，徐志摩和陆小曼终于步入了婚姻的殿堂。世俗无法理解，究竟是什么让两人最终走到一起，就连梁启超都无法理解。

梁启超在给梁思成的书信中向林徽因和梁思成讲述了这件事："昨天我做了一件我不愿做的事——在徐志摩的婚礼上当证婚人。他的新婚夫人以前是王守庆夫人。她爱上了徐志摩，同王离了婚。这是极端不道德的。我骂过徐志摩好几次，可是没有效果。由于胡适和张彭春一定要我担任这个角色，我就在婚礼上发表了一篇演说，严厉批评了新婚夫妇。年轻人往往受到自己的感情所驱使，不能控制自己，破坏了传统的安全保障。他们掉进了使他们遭受苦难的陷阱。这确实是可悲和可怜的。徐志摩真是很聪明，我很爱他。这一次我看着他沉沦，很想救他。我真的在尽一切力量来救他。"

婚礼上，新郎是风流才子徐志摩，新娘是民国四大才女之一的陆小曼，梁启超证婚，胡适主持，前来参加婚礼的都是中国近代史上响当当的人物。

不过和别人的证婚人的祝词不同，梁启超在婚礼上严厉地批评了两个人："你们都不是第一次结婚了，希望你们这是最后一次结婚(大意如此)……"两位新人听得面红耳赤，可婚姻的大幕还是拉开了，他们成为夫妻。虽然证婚词是对着徐志摩说的，但其实梁启超更看不惯的是陆小曼。

1926年10月，新婚后的陆小曼随徐志摩离开北平南下，回到徐州家乡海宁硖石。那时候徐志摩给张慰慈写了封信，字里行间都是对陆小曼的喜爱之情："上海一住就住了一月有余，直到前一星期，咱们俩才正式回家，热闹得很哪。陆小曼简直是重做新娘，比在北平做的花样多得多，单说磕头就不下百次，新房里那闹更不用提。乡下人看新娘子那还了得，呆呆的几十双眼，十个八个钟头都会看过去，看得陆小曼那窘相，你们见了一定好笑死。闹是闹，闹过了可是静，真静，这两天屋子里连掉一根针的声音都听出来了。我父在上海，家里就只妈，每天九点前后起身，整天就管吃，晚上八点就往床上钻，曼直嚷冷，做老爷的有什么法子，除了乖乖地偎着她，直偎到她身上一团火，老爷身上倒结了冰，你说这是乐呀还是苦？咱们的屋倒还过得去，现在就等炉子生上了火就完全了。”

两个人在婚后度过了一段非常幸福的时光，陆小曼曾在日记中写道：“我们从此走入了天国，踏进了乐园……一同回到家乡，度了几个月神仙般的生活。”

可激情终究会慢慢褪去，耳鬓厮磨之后还要面对柴米油盐酱醋茶的琐碎之事，陆小曼长期待在上流社会，对于家务事一窍不通，更是懒于做这些。她喜欢奢侈的生活，使得家中一度揭不开锅。没办法，徐志摩只好两地奔波，通过授课、讲学补贴家用。

一次，陆小曼对郁达夫之妻王映霞说：“照理讲，婚后生活应过得比过去甜蜜而幸福，实则不然，结婚成了爱情的坟墓。徐志摩是浪漫主义诗人，他所憧憬的爱，最好处于可望而不可即的境地，是一种虚无缥缈的爱。一旦与心爱的女友结了婚，幻想泯灭了，热情没有了，生活便变成白开水，淡而无味。”而且陆小曼对徐志摩劝她别打牌、别抽鸦片感到厌烦。徐志摩的父亲徐申如向来对陆小曼不理不睬，这一切都让她感到烦恼。

陆小曼每次登台客串的时候都要求徐志摩给自己配戏，

众人都以为他们这是妇唱夫随秀恩爱，而徐志摩却是日趋厌倦。1927 年 12 月 27 日，徐志摩写下了内心的苦涩："我想在冬至节独自到一个偏僻的教堂去听几折圣诞的和歌，但我却穿上了臃肿的戏袍登上台去客串不自在的腐戏。我想在霜浓月淡的冬夜独自写几行从性灵暖处来的诗句，但我却跟着人们到涂蜡的舞厅去艳羡仕女们发金光的鞋袜。"

因为陆小曼不肯和徐志摩去北京，徐志摩只好经常上海、北京两地奔波，有时候也会乘坐别人的免费飞机，当时飞机还未普及，老百姓都很质疑它的安全性，陆小曼也是时常为他担心。可徐志摩却说："你也知道我们的经济条件，你不让我坐免费飞机，坐火车可是要钱的啊，我一个穷教授，又要管家，哪来那么多钱去坐火车呢？"涉及实质性问题，陆小曼只得哑口无言。

徐志摩飞机失事后，她曾在徐志摩的挽联中写道："多少前尘成噩梦，五载哀欢，匆匆永诀，天道复奚论，欲死未能因母老；万千别恨向谁言，一身愁病，渺渺离魂，人间应不久，遗文编就答君心。"陆小曼回想着自己和徐志摩 5 年来的生活，收起了灯红酒绿的交际生活，从那之后素服淡彩，专心学习画画，正是这次刻骨铭心的经历，让她不必再攀附他人而活，转变成了一个独立完整的陆小曼。

不忘初心

开学后，梁思成与林徽因回到了东北大学里。理工学院是东北大学教学和生活环境最好的学院，巍峨的白楼耸立在沈阳北陵前沿，校门前是川流不息的河水，学校的教学条件非常好，图书和仪器齐全，学生宿舍环境舒适，教授们每人一套小洋房。

回到东北之后的梁思成更加专心地沉浸到了工作中，也就是在这段时间里，两人接了两个大工程：

第一个就是给吉林大学设计校舍，看到这个工程提案时，梁思成一下子就想起了在欧洲参观的包豪斯的校舍，那高低不同的形状把教学楼、实习工厂和学生宿舍完美地融合在一起。在林徽因的提议下，两人决定采用花岗石和加固水泥来设计这栋大楼，将空间和线条紧密联系在一起，表达时间与空间上的和谐性。

第二项工程是设计楼宇，它是交通大学计划在辽宁锦州所建的一所分校。两人在工作中各有分工，林徽因负责将想法和创意构思成草图，而梁思成负责将草图加以修订、测量，订成一份完整的设计图。林徽因思维敏捷，有着与生俱来的建筑天赋，就连梁思成也是自叹不如。无论是在文学、艺术、建筑，还是在哲学方面，她都有很深的修养。她可以作为一个严谨的科学工作者，和梁思成一同到村野僻壤里调查古建筑，测量平面爬梁上柱，进行精确的分析比较；又可以和徐志摩一起，用英语探讨英国古典文学或中国新诗创作。她有哲学家的思维和高度概括事物的能力。

林徽因的儿子提及自己母亲在建筑方面的成就时也是满满的骄傲："母亲应该专心文学，还是研究建筑，对她个人更有意义也会更有成就？我认为，在母亲身上，那种诗人的气质，和建筑艺术家的眼光，相得益彰，缺一不可。她的建筑文章，尤其是早期的这类作品，写得神采飞扬。譬如《平郊建筑杂录》，其中有几篇，就被行家认为是研究中国古建筑的范文。建筑除了要有'诗情画意'之外，还要有'建筑意'，这是我母亲最先提出来的主张。母亲在文学和建筑学两方面都有才华，但从1942年就发病，1955年3月21日病逝，只活了五十一岁，她多方面的才能未得发挥，实在是一件很悲惨的事。"

1929年夏天，梁思成和林徽因邀请了在宾夕法尼亚读书时的同学陈植、童寯、蔡方荫来东北大学任教，昔日的好友如今共聚一堂，没有什么比这更让人开心的了。五人经常聚在一起，聊起当年在美国留学时的往事，唏嘘不已。后来几个老同学为了改变国内对建筑学的偏见，成立了"营造事务所"，共同修建了沈阳郊区的"肖何园"，这座肖何园是参照沈阳古建筑的风格建造的，建成后受到了一致好评，"营造事务所"也因此打出了名声，甚至很多达官贵人的府邸都是他们设计而成的，可遗憾的是，很多建筑都在战争中被摧毁了。

这一年，兼任东大校长的张学良将军设奖学金征求“东北大学校徽图案”，林徽因设计的“白山黑水”图案被选中，五个人又凑在一起进行了一番庆贺。可让人心里憋屈的是，当时正值东北混乱时期，各派势力都在争夺地盘，正当大家聊得兴起的时候，马队飞驰而过，只好关灯，屏住呼吸，隔窗看到外面的胡子们骑着高头大马，健壮威武。

7 月，林徽因临近产期，刚好暑假来临，梁思成陪着林徽因返回北平。8 月，林徽因住进北京协和医院。伴随着疼痛，她也收获了生命中从未有过的色彩。在梁启超去世的这一年，林徽因的女儿在大家的祝福声中降生，梁启超的书房取名为“饮冰室”，自称“饮冰主人”，为了纪念他，两人给女儿取名为梁再冰。

如今的她再不是花季少女，而是身为人母，静静等待这个未知的生命长大成人，开辟属于自己的一片天。

林徽因一直向往自由，渴望按照自己内心的追求去活，活出自我，她向来不喜欢家务事，觉得那些琐碎的事情就是浪费自己的时间和生命。然而，梁再冰的出生改变了她的这一观念。

在小四合院里，美丽的垂花篮悬挂在小门两侧，精挑细选的石雕摆放在门口两边，走进庭院，随处可见五颜六色的花朵，室内除了大书橱，最显眼的就是孩子的游乐场地，她在尽母亲所能给孩子创造温馨的成长环境。

长大后的梁再冰这样描述自己的家：“这所房子有两个虽然不大却很可爱的院子，我记得，小时候，妈妈常拉着我的手，在背面的院子中踱步，院子里有两棵高大的马缨花树和开白色或紫色小花的几棵丁香树，客厅的窗户朝南，窗台不高，有中式窗棂的玻璃窗使冬天的太阳可以照射到屋里很深的地方，妈妈喜爱的窗前梅花、泥塑的小动物、沙发和墙上的字画，都沐浴在阳光中。”

在当时的中国，绝大多数女子因为孩子的出生而牺牲了属于自己的东西，包括事业、容颜，在出现情感危机的时候她们一无所有，只能在剩余的岁月中蹉跎自己的一生。然而林徽因却并未因为女儿的出生而放弃自己的初心。

不管是在家里还是在其他的场合，只要林徽因一出现，她就能成为焦点。她身着合体的旗袍，朴素而高雅，自从结婚之后，她就这样打扮。她喜欢质量上好、做工精细的旗袍，因为这样的衣服穿在她均匀高挑的身上别具一番韵味，尽展东方美的娴雅、端庄、轻巧。林徽因用自己的方式维系着这个家庭，以及自己和梁思成的婚姻。她对生活的态度和对待工作的态度一样：精致。

坠落人间的天使

杏花落入流水之中，流水便带着这些粉色流过无数的山庄绿野。林徽因踩在石板小径上，一步步走上台阶，粉色的杏花如雨般落在她娇弱的身躯上，惹人怜爱。她为了养病住在香山半坡上的“双清别墅”之中，这里幽静雅致，十分适合静养。

其实宝宝满月之后，林徽因和梁思成就回到沈阳。当时东大已经开学，林徽因无意间看到了一本《中国建筑史》的书籍，看到后火冒三丈，国内唯一一本描述中国建筑史学的书籍竟然出自一个日本人之手，内容虚夸而不真实，配图还是日本军人挥着军刀得意扬扬地站在楼宇前。虽然家仇国恨对于个人而言太过沉重，可作为一个热爱建筑的人，这无疑是一种侮辱，是对她灵魂的一种凌迟。

这种耻辱让林徽因寝食难安，她决定和梁思成一起重写《中国建筑史》。可这绝非易事，大量建筑在战争的过程中坍塌，资料被烧毁，而且他们的教学工作繁重，林徽因还要带孩子，在多重压力下，林徽因病倒了，卧床不起。梁思成苦劝她回北平养病，可她却拒绝了，除了还不满一周岁的梁再冰，她也想和梁思成一起改写完这部史书。

东北的天气寒冷，林徽因的病情越来越严重，徐志摩经过东北时，曾过去探望她，看着床上瘦骨嶙峋的林徽因，徐志摩既愕然又心疼，他看到沈阳的医疗条件很差，气候也不适合养病，于是也劝她回北平治病。于是林徽因回到了北平，为了照顾林徽因的病情，徐志摩曾在她家中居住过一段时间。当时徐志摩担任南京中央大学教授，和方令儒、方玮德、陈梦家共同创办了一个诗刊，徐志摩曾主持过《晨报》副刊的栏目，从北平回到上海后，徐志摩立刻向林徽因征稿，和陈梦家着手筹备《诗刊》。《新月》三卷第二号上刊出，宣布《诗刊》宗旨：旧友和对诗有兴趣的新友再来一次集合，活跃一下诗界的气氛。

1930年年底，徐志摩在胡适的邀请下来到北京大学任教，返回南方过春节的时候收到了林徽因从北平寄过来的照片，照片上的林徽因仍然躺在病榻上，背面是一首诗。旧历初三，徐志摩回到北平，赶到梁家，看到林徽因病得更厉害了，梁思成也因终日照顾林徽因而变得憔悴消瘦。直到此时他才得知林徽因得了肺结核。

大概是被病痛折磨得实在难受，林徽因经常没有缘由地训斥梁思成，梁思成不知道自己该做些什么。徐志摩也非常难过，但又不知道该如何安慰两个人，只好抱过只有一周岁的梁再冰哄了起来。送徐志摩出门时，梁思成说："她要到香山养病，可又舍不得孩子，我也不能陪她去，到底是该留在北平的家中还是该去沈阳上课呢？"看到他们如今凌乱不堪的样子，徐志摩的心里非常难受，可又没有更好的方法帮他们分担忧愁，只好保持沉默。

去香山养病之前，林徽因给徐志摩刚创办好的《诗刊》写了三首爱情诗：《那一晚》《谁爱这不息的变幻》《仍然》，以尺棰的笔名发表在1931年4月的《诗刊》第二期上。林徽因拿到刊物之后非常开心，仿佛自己的病情也得到了好转。

自从父亲林长民去世后，母亲一直在苏州原来的宅子里生活，林徽因便借此机会派人将母亲接来和自己一起住，一来方便照顾再冰，祖孙团聚共享天伦，二来也省去了林徽因诸多的挂念。

见到母亲之后，林徽因发现母亲的性格变了很多，父亲在世的时候她终日郁郁寡欢，整天抱怨上天的不公平，而如今母亲的性格平和许多，很少再去提起往事，每天只是陪着林徽因照顾孩子，三个人在忙碌之余也很快乐。

原来，很多事退一步之后才发现，原来的爱恨痴缠不过是一场空，每个人都会老去、死去，何必过于执着，有时候，“退”也是一种赢，赢得快乐，赢得宽心。

母亲经常陪着林徽因漫步在羊肠小道上，呼吸着空气中弥漫的清香，那是种让人一闻就觉得舒爽、干净的味道，树叶上剔透的露珠后有一张唇齿丹红的小脸，斑驳的光点洒落在整个森林，一袭白衣的林徽因仿佛坠落人间的天使。

自从和母亲上山之后，香山的自然美景便是让她诗兴大发，她竟然不顾病情如痴如醉地写起诗来，她的每一首诗都和大自然、生命息息相关。她的诗受到了美国唯美派诗人的影响，比如她的《笑》：

笑的是她的眼睛，口唇，
和唇边浑圆的旋涡。
艳丽如同露珠，
朵朵的笑向
贝齿的闪光里躲。
那是笑——神的笑，美的笑；
水的映影，风的轻歌。

笑的是她惺忪的鬈发，
散乱的挨着她的耳朵。

轻软如同花影，
痒痒的甜蜜
涌进了你的心窝。
那是笑——诗的笑，画的笑：
云的留痕，浪的柔波。

这首诗体现出了林徽因早期作品的艺术风格，对于事物的体察是如此细致入微，真挚的感情与精微的感觉似乎描绘出了一个可触摸的具象，上下节对称严谨，语言优美活泼，字里行间透出美感。

5 月 15，徐志摩和张歆海、张奚若夫妇一同到香山看望林徽因，看到他们，林徽因非常开心，静养了两个月的林徽因的精神状态好了不少，脸上有了红晕，人也丰润了不少。喝过茶，几人一同去游山，从“双清别墅”到半山亭，从西山晴雪到洪济寺，几个人游玩到中午就去洪济寺吃素斋。

张歆海对寺院旁边的大石头产生了兴趣，于是问徐志摩：“志摩，你看着神鸡石是公鸡还是母鸡？”林徽因笑着说道：“当然是母鸡了，你看它的尾巴下面有个洞，传说一只神鸡每天能下 5 个鸡蛋，乡亲们都称它作蛋石呢！”张奚若却坚持说这是只公鸡：“你看它的脖子高扬着，还有鸡冠子，分明就是个公鸡！”张歆海说：“母鸡就不能昂头了？人家生了蛋自然要骄傲一下。你看我家湘眉，生了孩子之后一天比一天神气！”韩湘眉娇嗔道：“你别胡说八道了，还是让徽因读读她写的诗吧！”

林徽因因为几位好友的到来十分开心，于是找出一首自己写的小诗《一首桃花》朗诵起来：

桃花，
那一树的嫣红，
像是春说的一句话；
朵朵露凝的娇艳，
是一些
玲珑的字眼，
一瓣瓣的光致，
又是些
柔的匀的吐息；
含着笑，
在有意无意间，
生姿的顾盼。
看，——
那一颤动在微风里，
她又留下，淡淡的，
在三月的薄唇边，
一瞥，
一瞥多情的痕迹！

徐志摩赞美这《一首桃花》和前人的“记得绿罗裙，处处怜芳草”是同一种境界。他说林徽因的诗：“佳句天成，妙手得之，是自然与心灵的契合，又总能让人读出人生的况味。”那天，他们和林徽因一起聊到深夜。

在香山疗养的那段时间里，林徽因还写了《激昂》《莲灯》《中夜钟声》《山中一个夏夜》等作品，这是她写诗最多的一年，也体现出了她对生活的热爱，思维巧妙，独具匠心，她的诗，融音乐、绘画、建筑之美于一体。此外，她还创作了短篇小说《窘》，这是她第一篇家庭生活小说。

6 月 12 日，徐志摩、罗隆基、凌淑华、沈从文去香山看望林徽因，此时林徽因刚刚发烧 10 天，整个人显得非常疲乏，林徽因的母亲带着宝宝一同到山上陪她，看到大家，她非常开心。这次徐志摩给林徽因带来了英国唯美派作家王尔等人的著作，以及新出版的第三期《诗刊》，这篇刊物有徐志摩发表的《你去》，这是为林徽因而写的诗：

你去，我也走，我们在此分手；
你上哪一条大路，你放心走，
你看那街灯一直亮到天边，
你只消跟从这光明的直线！
你先走，我站在此地望着你，
放轻些脚步，别教灰土扬起，
我要认清你的远去的身影，
直到距离使我认你不分明，
再不然我就叫响你的名字，
不断地提醒你有我在这里
为消解荒街与深晚的荒凉，
目送你归去……

不，我自有主张，
你不必为我忧虑；你走大路，
我进这条小巷，你看那棵树，
高抵着天，我走到那边转弯，
再过去是一片荒野的凌乱：
有深潭，有浅洼，半亮着止水，
在夜芒中像是纷披的眼泪；
有石块，有钩刺胫踝的蔓草，
在期待过路人疏神时绊倒！
但你不必焦心，我有的是胆，
凶险的途程不能使我心寒。
等你走远了，我就大步向前，
这荒野有的是夜露的清鲜；
也不愁愁云深裹，但须风动，
云海里便波涌星斗的流汞；
更何况永远照彻我的心底；
有那颗不夜的明珠，我爱你！

走之前，徐志摩吻了吻宝宝的额头，林徽因将他们送到一座山的弯口，徐志摩回过头，林徽因仍然站在那里，他没有过多驻足，继续走下山去……

太太的客厅

林徽因在北平养病的那段时间，东北这片暂时平静的土地也被敌人无情的炮火袭击了，日本人的狼子野心昭然若揭。1931 年，日本包围了整个满洲，扩张的意图明目张胆，蒋介石的退让瞬间将东北这片土地变成了日本人的囊中之物。2 月，陈植离开了东北，转战到了上海，开了一家建筑事务所。没过多久，日本发动了侵略满洲的军事行动，东北大学被关闭，梁思成与一众教员、学生被遣散，名震一时的“营造事务所”正式关闭。

眼见由自己一手创立起来的事务所被毁，梁思成的内心满是愤恨。他从小跟着梁启超到了日本，曾经在那里度过了自己的童年，可是让他万万没想到是，如今又是日本人将这一切毁于一旦，他和日本的感情矛盾已经一发不可收拾。林徽因曾多次安慰梁思成，鼓励他不要放弃对建筑的追求。梁思成也终于在林徽因的劝说下鼓起勇气，更加投入于《中国建筑史》的编写之中。

林徽因的病情已经基本痊愈，梁思成便让林徽因、梁再冰和林徽因的妈妈搬到北京东城墙的北总布胡同三号一处典型的四合院里，这座小小的四合院坐落在一个正北朝南的巷子中，虽然入口很窄小，却有着一个宽大的院子，走进之后瞬间豁然开朗。青砖灰瓦密密麻麻铺满了整个屋顶，房檐的雕刻非常精致，阳光穿过菱形的小窗照耀在房间的桌子上。院子里面栽种着几株开花的大树，浓郁却不茂密，房前的小片土地上种着各种花草，让人颇感温馨。梁思成一家人在这里住了近七年。

徐志摩在北平工作的时候都会经常前去看望林徽因和梁思成。徐志摩的出现颇具戏剧性，他穿着缎子长袍。脖子上又围着一条英国制的精细的马海毛围巾，整个造型颇为奇特。在场的人都看着他。他的外表有些女性化，但却富有刺激性。他的全身充满活力。林徽因活泼而愉快，梁思成热情好客。

房间里一尘不染，四合院中颇具情调，前来拜访二人的人都是中国当时的文化精英：经济学家陈岱孙、物理学家周培源、考古学家李济、文学家胡适，作家沈从文和萧乾等。他们的出现让这个小院熠熠生辉。

除了上面的这些人，还包括两位政治学家：张奚若是个讲原则的人，直率而感人；钱端升是尖锐的中国政治分析家，对国际问题具有浓厚的兴趣。陈岱孙是个高个子、自尊而不苟言笑的经济学家。在哈佛攻读人类学和考古学的李济，领导着中央研究院的殷墟发掘。社会学家陶孟和曾在伦敦留学，领导着影响很大的社会研究所。这些人都和建筑学家梁思成和哲学家金岳霖一样，是一些立志通过科学的方法研究中国的过去与现在的现代化主义者。星期六的时候，这些精英的妻子们也会出席并参与到热烈的谈话中。

起居室里洒满了阳光，这里常常挤满了人，来往的人各式各样，有不同年龄的亲戚，还有奔跑的孩子和仆人们，以及两人的同学，这个家里充满了生机。这里常常会来一些诗人和作家，他们都是怀揣对林徽因已出版的作品的崇拜而来的，经常会因为有她在场的魅力而再来。这其中就有沈从文、萧乾，等等。哲学家金岳霖是梁家一个后加入的成员，住在隔壁一座小房子里。

萧乾曾多次读过她在《新月》和《大公报》上发表的作品，沈从文也非常欣赏她的文笔，萧乾第一次见到林徽因是和沈从文一道前去拜访。去之前他就了解到林徽因家的“太太客厅”在北平文化圈子里很有名气，前来拜访的都是文坛巨子和社会名流，这让萧乾的心里有几分忐忑。不过林徽因还是很热情的，她对两人说：“你们喝茶，不要客气，大家随便一些。”随后又对萧乾说：“你的《蚕》我读了几遍，刚写小说就能有这样的成绩已经很了不起了，我看你的小说的语言描写和色彩很有唯美主义。”之后居然当众大段背诵出来，萧乾非常吃惊，他没想到林小姐居然这么认真读过自己的小说。

林徽因在这里收获了一生中最真挚的一段外国友谊。1932 年，一个温暖的午后，费慰梅闯入了林徽因的家中，她曾在后来的回忆录中对当时的情况进行了细致的描述：“对于我闯入梁家的生活，起初是徽因母亲和佣人疑惑的眼光，尽管有种种不适，但不久后我和徽因的来往得到了认可。我常在傍晚时分骑着自行车，或坐人力车到梁家，穿过内院去找徽因。我们在客厅一个舒适的角落坐下，泡上两杯热茶后，就迫不及待地把那些为对方保留的故事一股脑倒出来……”

于是，费慰梅开始加入每周六下午大家的聚会中。有时大家会探讨有深度的学术理论，有时会对现实进行剖析，温暖的午后阳光照在客厅里，大家在这里畅谈古今，没有任何约束。费慰梅对林徽因说："我们仿佛听见，他们高朋满座的客厅里，杯底喝尽，连珠的笑声中浮沉着杯盘碰撞响。"

女主人林徽因总是热情地款待每位来客，有时也会在大家的争论中发表自己的意见。即使很多人都慕名而来，想一睹她的风采，但林徽因却表现得落落大方、清新淡雅，没有丝毫的矫揉造作，让每个前来的人都觉得舒服而自然。

萧乾回忆林徽因时说道："她话讲的又多又快又兴奋。徽音总是滔滔不绝地讲着，总是她一个人在说，她不是在应酬客人，而是在宣讲，宣讲自己的思想和独特见解，哪个女人敢于设堂开讲，这在中国还是头一遭，因此许多人或羡慕，或嫉妒，或看不惯，或窃窃私语。"不管别人对她是什么看法，林徽因终于活出了自己的样子，她不是被囚禁在牢笼里的小鸟儿，而是一只有着坚毅翅膀的雄鹰，无论天空多高，都在自由翱翔。林徽因凭借出色的人格魅力与学识，让这间四合院备受瞩目和青睐。

费慰梅的出现滋润着林徽因的一生，即使是后来两个相隔万里，仍然保留着十五年之久的通信联系。林徽因更是将费慰梅当成了自己的家人。金岳霖也在林徽因的心中占据着很重要的位置，他在徐志摩的介绍下认识了这位才女："一捧书，一袭长裙，一炷熏香，面容清秀，朱颜皓齿，如一朵浸染着清淡幽香的莲花。"

金岳霖比梁思成大 6 岁，比林徽因大 9 岁，是林徽因家里的常客，他高大瘦削，喜欢打网球，矜持又能说会道，是清华大学哲学系教授，朋友们都称他"老金"。梁氏夫妇的起居室有一扇小门，经由“老金”的小院子通向他的房子。通过这扇门，他常常被找来参加梁氏夫妇的聚会。星期六的下午，金岳霖在家中和老朋友们在一起时，流向就倒过来了，梁氏夫妇会穿过他的小院子，进入他的内室，与客人混在一起，其中的很多人也是他们的好朋友。让人没有想到的是，金岳霖对林徽因一见钟情，从此，林徽因成了他一生难以忘怀的羁绊。

金岳霖在晚年语录中曾经提到：1932 年，他们住前院，大院，我住后院，小院。前后院都单门独户。近距离让金岳霖成为梁家的常客，因为梁思成需要长期外出，总是委托金岳霖照顾林徽因，两个人的情感随着时间的推移越来越深，最终，林徽因向梁思成坦白一切。在梁思成第二任夫人林洙的追问下，梁思成才说起当年的往事：

“我们住在总布胡同的时候，老金就住在我们家后院，但另有旁门出入。可能是在 1931 年，我从宝坻调查回来，徽因见到我哭丧着脸说，她苦恼极了，因为她同时爱上了两个人，不知怎么办才好。她和我谈话时一点儿不像妻子对丈夫谈话，却像个小妹妹在请哥哥拿主意。听到这事我半天说不出话，一种无法形容的痛苦紧紧地抓住了我，我感到血液也凝固了，连呼吸都困难。

但我感谢徽因，她没有把我当一个傻丈夫，她对我是坦白和信任的。我想了一夜该怎么办？我问自己，徽因到底和我幸福还是和老金一起幸福？我把自己、老金和徽因三个人反复放在天平上衡量。

我觉得尽管自己在文学艺术各方面有一定的修养，但我缺少老金那哲学家的头脑，我认为自己不如老金，于是第二天，我把想了一夜的结论告诉徽因。我说她是自由的，如果她选择了老金，祝愿他们永远幸福。我们都哭了。”

徽因把梁思成的话告诉金岳霖时，金岳霖的回答是：“看来思成是真正爱你的，我不能去伤害一个真正爱你的人。我应该退出。”从那次谈话之后，三个人再也没有提过这件事，林徽因和金岳霖也回到了朋友的位置上，陪伴林徽因一生，甚至当梁思成和她有争辩不休的问题时，两个人也会找金岳霖“仲裁”。

林徽因去世时，正在给学生们上课的金岳霖听到消息后潸然泪下，林徽因走了，金岳霖为她终生未娶，他在林徽因的挽联上写道：“一身诗意千寻瀑，万古人间四月天。”两个人的感情到此画上了完美的句号。

慈慧店三号是朱光潜和梁宗岱景山后面的寓所，是一个和“太太客厅”有同样影响的文化沙龙，这里每个月集会一次，朗诵诗歌和散文，所以又叫“读诗会”，林徽因是主要参与者，此外，还有冰心、朱自清、冯至、周作人、沈从文、何其芳、萧乾、英国诗人尤连·伯罗、阿立通等人，这个沙龙是20年代闻一多西单辟才胡同沙龙的继续。

这个文化沙龙的主要负责人是朱光潜。他是香港大学文科毕业生，20年代中期先后留学英国和法国，而且曾经只身游历德国、意大利，后回国担任北京大学西语系教授，由他讲授西方名著选读和文学批评史，他还在北大中文系、清华大学、辅仁大学、中央艺术研究院等处讲授文学心理和诗论。

“读诗会”形式活泼，大家可以畅所欲言，在讨论的过程中还可能会为了某个问题而争论。

一次，梁宗岱刚刚朗诵了一首自己翻译的瓦雷里的诗《水仙辞》，林徽因的语言锋芒而尖锐，丝毫不顾及大诗人的面子。梁宗岱也是个高傲的人，他是北大法文系主任兼教授，留法期间，诗人瓦雷里是他的老师，而《水仙辞》是他最喜欢的一首诗。两人为了诗的实际意义和抽象意义而争论得青筋暴涨。众人也兴致勃勃地观看两人的争论。第一次参加文化沙龙的萧乾问沈从文："他们吵得这么凶，怎么没人劝劝？"沈从文摆了摆手："在这儿争吵很正常，你不用管他们，让他们尽兴吵，越热闹越好。"

最后，林徽因坐了下来，平静地说："每个诗人都可以从日出日落中受启发，那是心灵的一种颤动。梁诗人说过，诗人要到自然中去，到爱人的怀抱里去，到你自己的灵魂里去，如果你觉得有三头六臂，就一起去。只是别钻象征的牛角尖儿。"梁宗岱哈哈大笑起来，众人也是哄堂大笑，林徽因的笑声最响亮。

我为建筑痴狂

林徽因的家庭聚会是一场知识分子的狂欢会，又因为林徽因的主导地位而活色生香。就连幼小的梁再冰对这间"太太的客厅"都有着很深的印象：父亲和母亲都非常喜欢这个房子。他们有很多好朋友，每到周末，许多伯伯阿姨们来我家聚会，这些伯伯们大都是清华和北大的教授，曾留学欧美，回国后，分别成为自己学科的带头人，各自在不同的学术领域做着开拓性和奠基性的工作。梁再冰还说，虽然我当时听不懂大人们谈话的内容，但可以感受到他们聚会时的友谊和愉快。这间小小的客厅，伴随了梁再冰的整个童年。

众人皆知林徽因是个满腹学识、高谈阔论的旷世才女，可成功哪是那么容易的，能说会道离成功还差得远呢。

有人说林徽因是凭借自己美丽的外表征服别人的，可古往今来的美人那么多，被称为“才女”的又能有几人？

在“太太客厅”闲暇之时，林徽因会背起行囊和梁思成一同外出考察，林徽因说那是她觉得最愉快的时光，在山林荒野中考察是一种乐趣，任何事情都不能与之相提并论。特别是在小儿子梁从诫出生后，她更加享受这种快乐。

有资料显示，林徽因曾经到过位于西北离甘肃不远的耀县（今耀州区），也曾到过位于东南临近福建的宜平，北京八大处，山西大同的严华寺、善化寺及云冈石窟，太原、文水、汾阳、孝义、介休、灵石、霍县、赵县的四十多座寺庙殿阁，河北正定隆兴寺，苏州的三清殿、云岩寺塔，杭州的六和塔，金华的天宁寺，宜平的延福寺，开封的繁塔、铁塔、龙亭，山东十一个县，包括历城神通寺和泰安岱庙，以及西安的旧布政司署，陕西的药王庙等。

几乎全国各地都有她的足迹，长达几十年的走访和勘察。一路上，披荆斩棘，不畏艰难险阻。娇弱的身躯因为对事业的追求而忘记了疲倦和辛劳，就这么一步一个脚印地走下去。

当时的交通还不像现在这么便利，能坐上骡子车就已经很不错了，可是林徽因和梁思成考察的地方多在偏远地区。无论是深山远林，还是荒无人烟的沙漠，几乎都要靠步行。即使阴雨连天、食不果腹，林徽因也都无声地坚持了下来，她甚至还和梁思成自嘲：“天将降大任于是人也，必先苦其心志，劳其筋骨，饿其体肤，空乏其身，行拂乱其所为，所以动心忍性，曾益其所不能。”

其实有的时候，两人所面临的危险连梁思成都觉得胆战心惊，林徽因却依然微笑以对，感染着尚在惊吓中的其他人。梁思成在工作日记中记录道：“今天工作将完时，忽然来了一阵‘不测的风云’，在天晴日美的下午五时前后狂风暴雨，雷电交作。我们正在最上层梁架上，不由得不感到自身的危险。不单是在二百八十多尺高将近千年的木架上，而且近在塔顶铁质相轮之下，电母风伯不见得会讲特别交情。”

学社日记也经常有这样的记载：“下午五时暴雨骤至，所乘之马颠蹶频仍，乃下马步行，不到五分钟，身无寸缕之干。如是约行三里，得小庙暂避。”又一日记载：“行三公里骤雨至，避山旁小庙中，六时雨止，沟道中洪流澎湃，明日不克前进，乃下山宿大社村周氏宗祠内。终日奔波，仅得馒头三枚（人各一），晚间又为臭虫蚊虫所攻，不能安枕尤为痛苦。”

这一路困难重重，有时候连男人都有些畏惧，可林徽因却笑对一切，乐此不疲，每次都吵闹着要和梁思成一起外出考察，她享受着每一场来自老天对她的考验，走访了诸多的名胜古迹。

林徽因在行走的过程中看到的不是脚下泥泞的道路，而是远方巍峨的高山和天空中的朵朵白云以及小山庄里走出来的老妪，她就这么享受着眼前的一切，心甘情愿地忍受着自然带来的苦难。

每次从一个地方离开去另外一个地方的时候，总会一村子的人来送，儿媳妇指着说给老婆婆听，小孩们跑着还要跟上一段路。开栅镇，小相村，大相村，哪里都是那么热闹。看到北齐天保三年造像碑，村里的人告诉他们差不多一千四百年了。“呀，一千四百年！”两人便一齐骄傲起来。

看看这里金元重修的，那里明李重修的殿宇，讨论着各式建筑的特异之处，天逐渐黑了下来，口中才感觉到渴，腹中饥，这才记起一天的时光在匆忙之中结束了。回去之后，躺在床上回忆起那些奇特壮美的建筑，做起了美梦。

建筑带给林徽因的永远是震撼，为了看清屋顶上的建筑，她曾爬到过房檐，灰尘掉了一脸，惊动了驻在里面成群的蝙蝠，可她依然凭着自己的毅力擦掉被尘埃掩埋的字迹，露出“女弟子宁公遇”几个字，当时她没想到，这个寻常的举动竟让他们无意外中发现了中国现存最早的结构建筑！阴暗的天空瞬间艳阳高照。

第六章

风华绝代：韶华点亮夜空

唯美的诗集

林徽因对于建筑的感悟是有目共睹的，她时而活泼、时而忧伤，时而开心、时而失落，时而安静、时而急躁，正是她的心思缜密、多愁善感，让她写出了不朽的诗篇。

虽然林徽因将自己毕生的时光和精力献给了建筑，可这丝毫没能掩盖她在文学方面的才能。她的《深夜里听到乐声》情感细腻、清新雅致，读起来触动心灵。

这一定又是你的手指，
轻弹着，
在这深夜，
稠密的悲思；
我不禁颊边泛上了红，
静听着，
这深夜里弦子的生动。
一声听从我心底穿过，
忒凄凉我懂得，
但我怎能应和?
生命早描定她的式样，

太薄弱是人们的美丽的想象。

除非在梦里有这么一天，

你和我同来攀动那根希望的弦。

这首小诗将来自心灵深处的情感表露无遗，它是一种感召，也是一种思念，在建筑美和音律美中跳动着最轻柔的音符，独特的形式把悲凉和忧伤充分表露了出来，“愿天下有情人终成眷属”终究不过是空谈，如果真的能实现，又为什么会有那么多悲欢离合，男子的相思和女子的惆怅表现得淋漓尽致，一下就吸引了大众的眼球。

《谁爱这不息的变幻》是林徽因最早发表的一首诗歌。

谁爱这不息的变幻，她的行径？催一阵急雨，抹一天云霞，月亮，星光，日影，在在都是他的花样，更不容峰峦与江海偷一刻安定。骄傲的，她奉着那荒唐的使命：看花放蕊树凋零，娇娃做了娘，叫河流凝成冰雪，天地变了相；都市喧哗，再寂成广漠的夜静！虽说千万年在她掌握中操纵，她不曾遗忘一丝毫发的卑微。难怪她笑永恒是人们造的谎，来抚慰恋爱的消失，死亡的痛。但谁又能参透这幻化的轮回，但谁又大胆地爱过这伟大的变换？

诗歌的语言玲珑剔透，不经意间流露出来的细腻让文章充满了音乐的美感，也让无数人为之倾倒。这首诗刊登之后立刻得到了大众的热烈响应。文风新奇，见解精辟而独到，让人不禁沉醉其中。

萧乾曾这样评价林徽因的诗：她又写，又编，又评，我甚至觉得她是京派的灵魂。哪怕是著名的大文学家也在读了林徽因的诗歌后忍不住赞美几句。

美国著名学者费正清曾这样形容她：“林徽因就像一团带电的云，裹挟着空气中的电流，放射着耀眼的火花。”林徽因留下的诗作不多，不过每一首都玲珑剔透，真挚精微，就像是无声的韵律动人心弦。

林徽因通过诗歌赞美大自然，宣扬自己的生活态度。她一直努力地让自己发光、发亮，充分展现着身上的光芒。她在 1932 年所做的《莲灯》中抒发了这种情感，无论我们身处何地，都要发光发热，活出自己生命的色彩。

如果我的心是一朵莲花，
正中擎出一支点亮的蜡，荧荧虽则单是那一剪光，
我也要它骄傲的捧出辉煌，
不怕它只是我个人的莲灯，
照不见前后崎岖的人生——
浮沉它依附着人海的浪涛，
明暗自成了它内心的奥秘，
单是那光一闪花一朵——
像一叶轻舸驶出了江河——
宛转它漂随命运的波涌，
候那阵阵风向远处推送，
算做一次过客在宇宙里，
认识这玲珑的生从容的死，

这飘忽的途程也就是个——

也就是个美丽美丽的梦……

诗词玲珑剔透，体现着胸怀大爱的情怀，仿佛让人闻到阵阵莲花的清香。此时的林徽因虽然是个家庭主妇，不过繁重的家务事并未磨灭她对事业的追求，她仍然渴望自己是个对未来充满希望的16岁少女。在建筑领域发光发热，照亮别人，而她也确实做到了。

她的诗引起了众多年轻学子的共鸣，他们纷纷对这位才女产生了好奇心，很多人都想听听她内心的故事。可是林徽因在建筑方面付出的时间和精力太多了，所以在诗歌、小说、散文、诗剧等方面的涉足并不多，这也是当时很多文学青年心中的一大遗憾。

林徽因一直想出版一本自己的诗集，但是《林徽因诗集》是在她去世三十年以后才出版的，虽然经过了多方考证和研究，可终究不是她自己的。

1937年春天的《新诗》的杂志版面刊登了一条林徽因即将出版自己诗集的消息，当时的林徽因在建筑与诗集之间难以抉择，最终选择了建筑，为了勘察暂时放弃编辑，因此耽误了进程。勘探结束后，林徽因想要编辑诗歌，但事与愿违，抗日战争全面爆发，就这样，林徽因创作一本属于自己诗集的梦想成为泡影。

林徽因的《十一月的小村》，文字朴实，可文字体现出来的情感却是灵动的，不是每个人都能手到擒来，把一个个文字串联在一起，形成柔美的线条或是让它散发出璀璨的光芒，那是因为我们缺少正面回应生活的诗情画意。

我想象我在轻轻地独语：十一月的小村外是怎样个去处？是这渺茫江边淡泊的天，是这映红了的叶子疏疏隔着雾；是乡愁，是这许多说不出的寂寞；还是这条独自转折来去的山路？是村子迷惘了，绕出一丝丝青烟；是那白沙一片篁竹围着的茅屋？是枯柴爆裂着灶火的声响，是童子缩颈落叶林中的歌唱？是老农随着耕牛，远远过去，还是那坡边零落在吃草的牛羊？是什么做成这十一月的心，十一月的灵魂又是谁的病？山拗子叫我立住的仅是一面黄土墙；下午通过云雾那点子太阳！一棵野藤绊住一角老墙头，斜睨，两根青石架起的大门，倒在路旁，无论我坐着，我又走开，我都一样心跳；我的心前，虽然烦乱，总像绕着许多云彩，但寂寂一湾水田，这几处荒坟，它们永说不清谁是这一切主宰，我折一根柱枝看下午最长的日要等待十一月的回答微风中吹来。

读起这首诗，我们仿佛看到一位清新淡雅的女子“采菊东篱下，悠然见南山”的乡村生活。林徽因总是用不同寻常的方式站在时代的前端。

除了诗歌，她在小说方面的成就也让人为之叹服。这个娇弱的身躯背后究竟有着怎样细腻、柔美的情感，才能写出如此文字？

1931年夏天，林徽因的第一部小说《窘》发布在《新月》杂志上，它塑造了一个独自生活的教授的尴尬与窘态，她用独特的细腻情感向所有人证明了自己的文学素养和才华。她的代表作《九十九度中》有怀念徐志摩，徐志摩去世四周年，山西通信等片段，被誉为她一生中最具盛名的代表作。

林徽因通过文字表达出了悄悄藏匿在内心的情感，她不愿意向外界道出自己的烦恼和忧愁，只好将一切情感寄托在作品之中，静静地将心情写在纸里，将岁月掩盖在文章中。

林徽因还创作了《钟绿》《吉公》《文珍》《秀秀》等小说，这些小说都以林徽因生活中遇到的人物为原型，并加注了自己的情感，是非常典型的作品。无论是诗歌、小说、诗剧还是其他形式的作品，林徽因都充分展现出了她才女的特质，她的作品被后代青年学生学习、模仿。虽然生平作品不多，但却字字珠玑。

滚滚红尘，珍惜当下

林徽因的朋友经常说她是个被男人宠坏的女人，这也确实是事实。试想，像林徽因这样一个真实、不做作、有才华的美貌女子，谁又能不爱呢？林徽因在北京的那几年，虽然也经常有心烦的事，但也是她过得最为舒爽的一段时光。

家里到处都能听到她清脆、响亮的声音，李健吾曾经说过："当着她的谈锋，人人低头。叶公超在酒席上忽然沉默了，梁宗岱一进屋子就闭拢了嘴，因为他们发现这位多才多艺的夫人在座。杨金甫（《玉君》的作者）笑了，说：'公超，你怎么尽吃菜？'公超放下筷子，指了指口若悬河的徽因。一位客人笑道：'公超，假如徽因不在，就只听见你说话了。'公超提出抗议，'不对，还有宗岱。'"

梁思成陪伴在林徽因身侧，徐志摩和金岳霖默默守护在她身边。虽然徐志摩已经结婚，可林徽因始终在他心里占据着重要位置。为了让陆小曼放心，徐志摩曾经给陆小曼写信说，在北京教书时只看见过梁思成夫妇三次。可实际上却是每次的"星期六"聚会徐志摩几乎都参加，一来是这种"沙龙会议"对每个人来说都非常有吸引力，二来是林徽因个人的魅力，虽然没有走到一起，可他仍然愿意这么远远地守候着她。

金岳霖也非常珍惜那段时光，林徽因是他心目中那个唯美曼妙的少女，他曾在回忆录里说道：梁思成、林徽因是我最亲密的朋友。从 1932 年到 1937 年夏天，我们住在总布胡同。三十年代，一些朋友每个星期六都会聚会，这些集会都是在我的小院里进行的，因为我是单身汉。我那时吃洋菜，除了请了一个拉洋车的外，还请了一个西式厨师。星期六碰头会上喝的是咖啡冰激凌，咖啡都是我的厨师按我要求的浓度做出来的。除早饭在我自己家吃外，我的中饭、晚饭大都搬到前院和梁家一起吃。这样的生活维持到七七事变为止。

虽然林徽因对于徐志摩和金岳霖对自己的与众不同的情感心知肚明，但她仍然保持着理智，这世间的情感有千万种，相爱也并非一成不变，但是从选择和梁思成在一起的那一刻，她就已经决定和他一起相守到白头，徐志摩和金岳霖这一生只能苦苦守候。和世界之大，时间之广相比，男女之间的情爱显得那么渺小，大家唯一能做的就是：珍惜当下。

住在北京总布胡同里的那段时间，林徽因和梁思成迎来了一个巨大的喜悦，两人的儿子——梁从诫降临。虽然已经是第二个孩子了，可为人父母的那种喜悦感丝毫未减，他们商量着给孩子起个什么名字，考虑着如何给小儿子建造一个小的房子。

梁从诫在回忆四合院往事的时候说道：“母亲不爱做家务事，曾在一封信中抱怨说，这些琐事使她觉得浪费了宝贵的生命，而耽误了本应做的一点对于他人，对于读者更有价值的事情。但实际上，她仍是一位热心的主妇，一个温柔的妈妈。三十年代我家坐落在北平东城北总布胡同，是一座有方砖铺地的四合院，里面有个美丽的垂花门，一株海棠，两株马缨花。中式平房中，几件从旧货店里买来的老式家具，一两尊在野外考察中拾到的残破石雕，还有无数的书，体现了父母的艺术趣味和学术追求。当年，我的姑姑、叔叔、舅舅和姨大多数还是青年学生，他们都爱这位长嫂、长姊，每逢假日，这四合院里就充满了年轻人的高谈阔论，笑语喧声，真是热闹非常。”

从梁从诫的口中我们不难看出，林徽因那几年的生活的确很是平静，她不仅是个从容的母亲，还是个敏感的才女。那段时间林徽因所著的作品也都充满了爱和希望，特别是她给儿子所做的《你是人间的四月天》：

我说你是人间的四月天；
笑响点亮了四面风；
轻灵在春的光艳中交舞着变。
你是四月早天里的云烟，
黄昏吹着风的软，
星子在无意中闪，
细雨点洒在花前。
那轻，那娉婷，你是，
鲜妍百花的冠冕你戴着，
你是天真，庄严，
你是夜夜的月圆。
雪化后那片鹅黄，你像；
新鲜初放芽的绿，你是；
柔嫩喜悦，
水光浮动着你梦期待中白莲。
你是一树一树的花开，
是燕在梁间呢喃，
——你是爱，是暖，是希望，
你是人间的四月天！

由于长时间卧病在床，林徽因便不用去理会家中琐事，利用病床上的时间读起书来，甚至挑灯夜读。她沉醉于文学方面的书籍之中，偶尔还会抽空去聆听朋友们的烦恼。徐志摩和陆小曼结合之后，矛盾日趋尖锐，家中父母的压力再加上陆小曼只知奢靡不会做事，让徐志摩的家庭常常捉襟见肘，所以徐志摩经常因此事向林徽因倾诉。而林徽因也扮演好了倾听者的角色。

她是一个善解人意的女人，很多朋友都喜欢向她倾诉。沈从文结婚之后喜欢上了一个名叫高韵秀的温婉贤惠的女子，原本以为是件小事，当他请求到妻子张兆的理解和谅解时，妻子确是火冒三丈，盛怒之下回到了苏州娘家。沈从文内心之中既有愧疚又不知该如何收场，他只好写信求助于林徽因，林徽因回信道："接到你的信，理智上，我虽然同情你所告诉我你的苦痛(情绪的紧张)，在情感上我都很羡慕你那么积极那么热烈，那么丰富的情绪，至少此刻同我的比，我的显然萧条颓废消极无用。你的是在情感的尖锐上奔进！……你希望抓住理性的自己，或许找个聪明的人帮你整理一下你的苦恼或是'横溢的情感'，设法把它安排妥帖一点儿，你竟找到我来，我懂得的，我也常常被同种的纠纷弄得左不是右不是，生活掀在波澜里盲目地同危险周旋，累得我既为旁人焦灼，又为自己操心，又同情于自己又很不愿意宽恕放任自己……"

当朋友们被各种事宜困扰的时候，林徽因总是在用超出男女的视角来看待这些问题，同时给出他们最诚挚的意见。除了亲人、朋友之间的互动，林徽因还继续着自己在建筑方面的事业。梁思成曾经在众人面前戏谑过："中国有句俗话，文章是自己的好，老婆是别人的好，可是对我来说，老婆是自己的好，文章是老婆的好。"

人生前行的道路上会遇到形形色色的人，有的是惺惺相惜的恋人，有的是志同道合的合作伙伴，有的是感情深厚的朋友。大家共同携手前行的时候常常会遇到各种难题，但是当彼此伸出双手共同面对困难的时候，困难就会迎刃而解。

在这段韶华时光里，林徽因用自己的才华点亮了整个夜空，用自己的坚守唤醒了彷徨人的信念，她拿起笔，写下了一行行隽秀智慧的字符。

你是人间四月天

人这一生如酸甜苦辣咸五味，挑出任何一味走到头都会觉得苦或是腻，只有各种味道杂糅在一起，才能烹调出美味的菜肴，体会人世间的真情意。

婚姻不仅是爱情的进一步，更是责任和付出的开始，从一个家庭步入另一个家庭，生活方式、观念都有了巨大的改变，这对于每个刚刚迈入婚姻大门的懵懂少女而言都是短时间内难以适应的。有的女孩适应得快，而有的却适应得慢。适应得快家庭会更和睦些，也更容易体会到幸福快乐，而适应得慢的则可能每日承受着内心的煎熬。

林徽因和梁思成结婚之前，是个十指不沾阳春水的大小姐，哪怕是在外留学期间，多数时候也是梁思成照顾她。当时很多人，尤其是梁家人不禁怀疑，这么个无忧无虑，时刻以工作为重心的女性，成家之后可以担当家里的琐碎事情吗？能照顾好孩子和老人的日常起居吗？

梁思成的母亲一直都不怎么喜欢林徽因，不仅是因为林徽因与徐志摩之间暧昧不清的关系，还担心她这个娇滴滴的事业型现代女性无法胜任中国传统的家庭生活。然而，让大家跌破眼镜的是，林徽因会和婚前简直判若两人，特别是女儿梁再冰出生后。

林徽因将家庭规划得很好，她非常注重家庭氛围，努力为孩子们打造一个温馨的成长环境，闲暇之际，她会带孩子们学习，给孩子们讲故事，她的小儿子梁从诫回忆说道："她的诗本来讲求韵律，由她自己读出，那声音真是如歌。她也常常读古诗词，并讲给我们听，印象最深的，是她在教我读到杜甫和陆游的'剑外忽传收蓟北''家祭毋忘告乃翁'，以及'可怜小儿女，未解忆长安'等名句时那种悲愤、忧愁的神情。"午后，夕阳西下，藤椅上，三个人静坐在那里，安逸而温馨。

林徽因的挚友费慰梅经常来林徽因家中拜访，她非常了解林徽因家里的情况，也知道这么个娇弱的女子为什么可以在家庭和事业上都如此成功。

林徽因住在北平胡同的那段日子里，虽然家里有仆人，可她的家务事仍然很繁重。她的家人包括小女儿、新生的儿子，还有一个感情上完全依附于自己的、头脑和自己的双脚一样被裹得紧紧的妈妈。她不仅要照顾自己的孩子、妈妈和丈夫，还要监管六七个仆人，看清楚外边来承办伙食的人和器物，总之，她被要求担任法律上家庭经理的角色。这些家务事占据了她大部分的时间，也让她没有太多的精力去做自己喜欢做的事。户外差事都交给仆人去做。家中的女主人多数时候只在走亲戚、参加葬礼或特殊的庆典时才外出。

林徽因曾经在英国、美国留过学，所以不愿意受这种约定成俗的事的限制，她向往的是自由的生活。可是如今，家中的大小事务已经将她束缚住了，她无法安心地作画或是写诗，也抽不出时间去户外勘察建筑，孩子、仆人或母亲几乎什么事都要找她来做决定，她在关心的各种事情当中，对人和他们的问题的关心是压倒一切的。她不喜欢在画建筑草图或写一首诗的过程中被打扰，可她却没有因此而表现出不耐烦，而是将注意力转向解决紧迫的人与事问题。

梁家人口众多，大家的起居生活各有不同，特别是忠心耿耿的女佣人陈妈经常会向林徽因陈述一些麻烦事，等待她作决定，每件麻烦事，无论是发生在家里还是在隔壁人家，都要以这种方式告知林徽因，让她做决断。

林徽因的起居室经常挤满各式各样的人，她在这里和他们探讨知识，争论学术。时间就像海绵里的水，被林徽因这么一点一滴地挤出来用于丰富自己的生活。

家是一个不需要讲理的地方，因为不讲理，所以才会有纷争和矛盾，也正是因为不讲理，才有了温暖和热闹。如果一个家庭和警察局那样充满了条条框框，谁都不能越雷池一步，那么家里在没有烦恼的同时也没有了欢乐，安静得让人发寒。

林徽因的家庭生活也是矛盾重重，但是作为这个家里的主母，这份责任并未将她压垮，她用自己的智慧化解了一个又一个难题，重新以建筑学者、诗人……的身份出现在大家面前。梁思成是家中的长子，林徽因的长嫂身份决定了她的责任所在，弟弟妹妹们经常来家中借宿，人数最多的一天甚至达到了十七人，为了节省空间，林徽因专门设计了一张床铺图，每张床的床头标着睡觉人的名字，帮忙借被子，早起准备茶点。她就这么没有丝毫怨言地照顾着弟弟妹妹们的生活起居，赢得了他们的称赞。她的勤劳和智慧给梁思成省去了很多麻烦，她的识大体梁思成更是看在眼里，两人婚后恩爱有加。

虽然家务事琐碎而繁重，不过林徽因并未因此而放弃自己的事业，只要觉得身体稍微有些好转，她就会躺在小帆布床上帮梁思成准备《中国建筑史》的资料。当医生告诉她她的生命即将终止时，她并没有自怨自艾，也没有挥霍、享受在世间上的最后时刻，而是收拾行囊，隐瞒身体状况，和丈夫一同远走他乡，考察当地因某些原因消失的建筑。连梁思成都说："我不能不感谢林徽因，她以伟大的自我牺牲来支持我。"

林徽因作为沙龙上的中心人物被爱慕者如众星捧月般

包围，穷乡僻壤、荒寺古庙中她不顾自己的身体状况、不辞艰辛和梁思成考察古建筑；早年的名门出身经历，后期在梁家的滋润生活，被众人称赞和羡慕；战争期间繁华落尽，她困居李庄，亲自提了瓶子上街头打油买醋；青年时旅英留美、深得东西方艺术真谛，英文好得让费慰梅为之赞叹，中年时一贫如洗、疾病缠身却执意要留在祖国。李健吾抗战期间听说林徽因虽然身染重病却不离开祖国时，激动地说："她是林长民的女公子，梁启超的儿媳。其后，美国聘请他们夫妇去讲学，他们拒绝了，理由是应该留在祖国吃苦。"

萧乾曾经这样评价过林徽因："听说徽因得了很严重的肺病，还经常得卧床休息。可她哪像个病人，穿了一身骑马装……她说起话来，别人几乎插不上嘴。徽因的健谈绝不是结了婚的妇人的那种闲言碎语，而常是有学识，有见地，犀利敏捷的批评……她从不拐弯抹角，模棱两可。这种纯学术的批评，也从来没有人记仇。我常常折服于徽因过人的艺术悟性。"

虽然她早就不是那个风华绝代的少女了，可却仍然时刻吐露着芬芳，用自己娇弱的身躯向世人证明，自己的"才女"之名并非虚谈！

第七章

故人西去：从此阴阳相隔

志摩之死

时间就这么静静地流淌着，今天还是静谧而安逸的温暖景色，明天也许就成了凄凉悲伤的黑暗，留下数不尽的遗憾。谁都不知道明天和意外哪个会先来，珍惜眼前才是真。有时候，原本以为只是一场朋友间普通的告别，到了明天或者未来的某个时间就成了阴阳两隔。

1931 年，一次徐志摩和林徽因一起欣赏完京剧回程的路上，徐志摩叫住了林徽因，林徽因站在原地，用询问的目光望向他，徐志摩说："北平的授课已经结束了，如果来不及告别，只能下次从上海回来再看你了。"林徽因看着这个为了家庭而两地奔波日渐消瘦的男人，淡淡地点了点头说道："11 月 19 日晚上，我在协和的小礼堂，为那里的外国使节要进行一场主题为中国建筑艺术的演讲，到时候欢迎你来。"

徐志摩点了点头。他欣赏林徽因，她就像舞台闪光灯下的精灵，任谁都挡不住她身上的光芒，徐志摩很期待下一次看到林徽因的演讲。眼见徐志摩应承下来，林徽因也非常开心，两个人告别之后便消失在十字路口。

林徽因为自己的演讲做着准备，终于迎来了 11 月 19 日，亲属、朋友们都来到了后台给林徽因鼓气，可只有徐志摩一个人没来，林徽因的心里突然有了一种不好的预感，但瞬间否定了，她摇了摇头，觉得也许是路上有什么事耽搁了。

她在等徐志摩的到来，可这次和以往不同，徐志摩“爽约了”，终于，林徽因在主持人的催促下登上讲台。十几个国家的驻华使节和建筑业的专业人士都已经端坐在礼堂里，窄小的礼堂在大家的喧闹声中显得更加拥挤了。

林徽因刚一走上讲台，喧闹声便戛然而止，所有人都被眼前这个28岁的温文尔雅的女青年吸引了，这个中国年轻一代的女建筑师竟然如此光芒四射，她就这么安静地站在舞台上，虽然一身黑色正装，却仍然浑身散发着耀眼的光辉。

“女士们，先生们！欢迎大家今晚来听这一场中国古典建筑美学讲座。在这里，我首先要说的是，建筑是一种不分国界的语言，无论是哪一国，哪一邦，人们从日常生活到艺术审美，都离不开建筑，当你踏上一片陌生的大陆时，也许首先和你对话的，就是这块土地上的建筑。它会以一个民族所特有的风格，向你讲述这个民族的历史，讲述这个国家所特有的美的精神，它比写在史书上的形象更真实，更具有文化内涵，带着爱的情感，走进爱的心灵。”

林徽因讲出了一口流利的英语，众人对这个古典美人充满了好奇和钦佩，她这种自然流露出来的风度和举止迎来了台下雷鸣般的掌声。

掌声过后，林徽因继续讲道：“漫长的人类文明历程，走到今天，经历了太多的演变，沧海桑田都已经一代一代地过去，祖先也离我们生活的今天越来越远，然而在自然与社会的时空演变中，那些中西方的经典建筑文化却顽强地挽住了时间的狂澜，它那历史的精神气质和文化底蕴，它那统一的空间组合、比例尺度、色彩和质感的美的形态，透视出时代、社会、国家和民族的政治、哲学、宗教、伦理、民俗等意识形态的内涵。”

林徽因用浅显易懂的语言带着大家进入了一个建筑的世界，大家也都跟着她的思路走进了中国的建筑群中，比如：北平的皇宫，中国的元大都等。

但是此刻的林徽因并没有她表现出来的那么冷静，她的目光一直停留在那个为徐志摩预留的空位上。她强忍住内心的不安回答完台下人的提问，随后赶紧回到后台，徐志摩仍然没有出现。林徽因的不祥预感越来越明显，她知道，如果不是发生了什么事，徐志摩一定会来参加她的讲座的。

就在当天上午，徐志摩还特意拍电报给林徽因，说自己会搭乘飞机“济南号”在下午3点时到达北平，希望林徽因能派车接他，可是林徽因派去的车子一直等到很晚都没看到徐志摩的身影，究竟是怎么一回事？林徽因不禁在心里嘀咕。

惶恐仍然在一步步加深，可北平的夜已经深了，周围一片寂静，林徽因听着窗外树叶不断摩擦出的“莎莎”声，彻夜无眠。

其实，徐志摩近来的生活可以说是一团糟，他感觉自己好像被重物压得透不过气了。他的母亲在不久前过世了，父亲和陆小曼的关系越来越紧张，可陆小曼却丝毫不知道收敛，仍然过着挥霍无度的生活，大把的金钱的流逝让徐志摩不堪重负。为了填补经济上的窟窿，徐志摩身兼了两个大学的讲师，还当起了房产公司中介，可这些丝毫未曾得到陆小曼的谅解，反而变本加厉。

他这次回去给陆小曼带回了字帖、纸张、诗集等，希望她可以改掉自己的生活习惯，充实生活，不要再过那种纸醉金迷的混沌生活。陆小曼了解到他的目的之后火冒三丈，甚至把所有的东西扔到地上。徐志摩无奈地摇了摇头，为了防止二人之间的争吵，徐志摩借访友的名义离开了家。

15 日，徐志摩的学生何家槐到家中拜访他的时候还在想，19 日前老师肯定会赶到北平。18 日一早，徐志摩匆忙抓起衣服奔向车站，到了火车站候车区的时候，他才知道北平已经戒严，不通车辆。徐志摩瞬间蒙住了，他心想：不行，自己已经答应林徽因要去听她的讲座，绝不能食言。

他摸到口袋中有一张保君健送给他的免费机票，打听过飞机的起飞时间不会耽误林徽因的演讲，他便给林徽因拍了张电报，决定第二天搭飞机飞往北平。

似乎冥冥之中自有天意，陆小曼得知徐志摩要坐飞机出行时还曾拽着他的衣角，表示担心，而徐志摩却是这样回答她的："你知道我多喜欢飞啊，你看人家雪莱，死的多么风流。"起飞之前，朋友韩湘眉看到徐志摩的裤兜破了个洞，担心地问道："明天飞机会不会出事啊？"徐志摩笑着说道："没事，我手上的生命线特别的长。"可是让众人都没想到的事却发生了。

19 日早上，上飞机前，徐志摩感到一阵剧烈的头痛，他想如果再疼就取消这次飞行，可是转念一想，忍忍也就到北平了，于是他又踏入机舱内。在飞机上，他还遇到了自己的崇拜者，飞机机长王贯一。两个人同是36岁，有着说不完的话。蓝天白云，飞机的螺旋桨就这么缓缓地转动着，带着徐志摩离开了始发地，他的内心无比激动，马上就要看到林徽因了。

一路上，两个人开心地谈论天文，聊着诗歌，似乎有说不完的话。副驾驶梁壁堂临时负责驾驶飞机，看着朵朵白云从机身边穿过，徐志摩的心情兴奋到了极点。突然，副驾驶的梁碧堂发出一声惊吼："前面有大雾！"二人同时望向窗外，才发觉四处已经是白茫茫的一片，什么都看不到了。连王贯一也慌了神，他开始对梁壁堂下命令："冲过去！"不到5秒，只听见"腾"的一声巨响，从远处只能看到一个不明的东西冒着青烟从山峰顶端缓缓坠下，不远处的群众你望望我，我望望你。大家谁也没想到，一代文学大亨徐志摩也在这场事故中献出了自己年轻的生命。

这个时候的林徽因正在协和的礼堂给大家讲授课程，她引导众人进入了宗教和建筑之中，给大家朗诵了一首徐志摩写的《常州天宁寺闻礼忏声》。

我听着了天宁寺的礼忏声！这是哪里来的神明？人间再没有这样的境界！

这鼓一声，钟一声，磬一声，木鱼一声，佛号一声……

乐音在大殿里，迂缓的，曼长的回荡着，无数冲突的波流谐和了，无数相反的色彩净化了，无数现世的高低消灭了……

这一声佛号，一声钟，一声鼓，一声木鱼，一声磬，谐音盘礴在宇宙间——解开一小颗时间的埃尘，收束了无量数世纪的因果；

这是哪里来的大和谐——星海里的光彩，大千世界的音籁，真生命的洪流：止息了一切的动，一切的扰攘；

在天地的尽头，在金漆的殿椽间，在佛像的眉宇间，在我的衣袖里，在耳鬓边，在官感里，在心灵里，在梦里……

在梦里，这一瞥间的显示，青天，白水，绿草，慈母温软的胸怀，是故乡吗？是故乡吗？

光明的翅羽，在无极中飞舞！大圆觉底里流出的欢喜，在伟大的，庄严的，寂灭的，无疆的，和谐的静定中实现了！颂美呀，涅槃！赞美呀，涅槃！

所有人都在感受着宗教带给建筑的魅力，聆听着诗人对美好的呐喊，可却没想到就在这个时候，一代文学大师永远离开了我们。

林徽因终于忍不住内心的慌张，于20日让梁思成赶紧给徐志摩发了一份电报，看看他究竟是因为何事延迟了原来的约定，梁思成刚想出门去发电报，却看见胡适匆忙走了进来，手里握着一张被捏得有些褶皱的报纸，双手有些发颤地递给林徽因，林徽因打开报纸，看到上面写着：

京平北上机肇祸。昨在济南坠落！

机身全毁，乘客司机均烧死，天雨雾大误触开山。

（济南十九日专电）十九日午后2时中国航空公司飞机由京飞平，飞行至济南城南卅里党家庄，因天雨雾大，误触开山山顶，当即坠落山下，本报记者前往调查，见机身全焚毁，仅余空架，乘客一人，司机二人，全被烧死，血肉黑焦，莫可辨认，邮件被焚后，邮票仿佛可见，惨状不忍睹……

林徽因的脑海之中只有这几个大字“机身全毁，乘客司机均烧死”，她突然感觉到自己的脑海为之一震，双眼冒起了金星……胡适还没来得及安慰她就匆匆赶到航空公司，看看是否可以查出徐志摩在不在那架飞机上。林徽因赶紧在慌乱中拽过一把椅子坐下来，她在心里不断默默地祈祷，她多么希望自己的这位挚友没有搭乘上那架“济南号”飞机，她多么希望他还活着……

悄悄是离别的笙箫

当身边的某个人长期陪伴左右时，我们可能感觉不到他的重要性，可没想到，匆匆转身的工夫，竟然成了一辈子的转身。无论我们如何挣扎，都无法扭转命运的转盘，挽回已逝的生命。

再见到胡适的时候，他满脸的沉痛，徐志摩就在那架失事的飞机上，航空公司已派美国的飞行师前去现场调查真相。屋子里焦急等待着的人们怔怔地站在原地，没有一个人说话，屋内是一片寂静，林徽因更是直接昏厥了过去。

当天下午，《北平晨报》又发布了飞机失事的最新报道：诗人徐志摩惨祸。

济南二十日五时四十分本报专电：京平航空驻济办事所主任朱风藻，二十早派机械员白相臣赴党家庄开山，将遇难飞机师王贯一、机械员梁壁堂、乘客徐志摩三人尸体洗净，运至党家庄，函省府拨车一辆运济，以便入棺后运平，至烧毁飞机为济南号，即由党家庄运京，徐为中国著名文学家，其友人胡适由北平来电托教育厅长何思源代办善后，但何在京出席四中全会未回。

仅仅一天的时间，徐志摩去世的消息就传到了全国各地，无数的人都无法接受这一现实，那个几天前还在为大家授课、英姿飒爽的徐志摩竟然就这么永远地离开了大家，他才只有 36 岁啊，本该厚积薄发的年纪，竟然如此早逝。可无论大家多么悲伤，徐志摩终究是永远地离开了这个世界。

徐志摩的追悼会在大家的不舍声中如期举行，一场在北平，由林徽因主持，胡适、周作人、杨振声纷纷前来致哀。梁思成、金岳霖、张奚若、沈从文等人在济南集合，几人目送了徐志摩的灵柩被抬上敞篷车，护送的徐志摩长子徐积锴和张幼仪的哥哥张嘉铸离开了济南回到上海。

另外一场在上海殡仪馆中举行。梁思成和林徽因亲手编织的白色小花圈的中间摆放着徐志摩生前的照片，照片里他的笑容那么随和。照片的前面是他的遗体，衣服是银行的工作人员给他准备的：蓝色绸缎的长袍，黑色的马甲衫，头顶红色黑绸小帽。上海文艺界的人纷纷前来吊唁，还包括很多正在读书的学生。

在林徽因的再三恳求下，梁思成偷偷将徐志摩乘坐的失事的"济南号"残骸带回家中，林徽因看到后潸然泪下，她轻轻抚摸着那块飞机残骸，仿佛看到了一直守在身边多年的挚友，那个伦敦桥上意气风发的少年。她想起徐志摩生前所写的散文：同时天上那一点子黑的已经迫近在我的头顶，形成了一架鸟形的机器，忽的机沿一侧，一球光直往下注，砰的一声炸响，——炸碎了我在飞行中的幻想，青天里平添了一堆破碎的浮云。谁都没有想到，徐志摩竟是在他最向往的天空上丧失了生命。

悼念会结束之后，林徽因就将那片飞机残骸放到了卧室墙壁中，她用自己独特的方式纪念着这位年轻的文学工作者，悼念这个一生的蓝颜知己。梁思成明白她的心思，所以没有反对林徽因的做法。

很多人都在揣测徐志摩和林徽因之间的感情，只知道徐志摩深爱着她；也有人猜测林徽因同样深爱着徐志摩，只是迫于家庭压力无法嫁给他；还有人猜测林徽因只是看重感情，只是想通过这种方式来纪念徐志摩……虽然众说纷纭，褒贬不一，可林徽因却说："徐志摩当时爱的并不是真正的我，而是他用诗人的浪漫情绪想象出来的林徽因。”林徽因的豁达不是一般人能看得透的，无论如何，徐志摩都是她这一辈子无法忘怀之人。

虽然徐志摩生前的很多做法让众人对他的评价大打折扣。他为了追求心目中的“灵魂伴侣”抛弃了和自己一路走来的原配张幼仪，一直没有尽过做丈夫和父亲的责任，只顾一时享乐。林徽因结婚之后，徐志摩仍然待在她的身边以朋友的名义给予关怀照顾，在外人眼中暧昧不清。而且，徐志摩不顾世俗眼光迎娶了上流社会的交际花——有夫之妇陆小曼，婚后二人的生活并不和睦，经常吵架，家中鸡犬不宁。虽然他娶了陆小曼，可内心中最重要的爱情的位置仍然留给了林徽因……

他的所作所为让众人对他的谴责声从未停止过，虽然徐志摩已经去世，可仍然有很多人对他颇有微词，这让新月社上下都非常愤慨。徐志摩去世后，新月社同事们开始筹备起了《新月》纪念徐志摩周刊，胡适、沈从文、杨振声等纷纷发声，希望为徐志摩正名，抛开他的私生活，他还是一位伟大的诗人，我们不能否认他为文学方面做出的贡献。这些朋友都是有真才实学、识大体、讲道理的人，他们在任何时候都心系徐志摩，希望他在文学方面的成就可以被大众认可，而他的私生活可以不被大众夸大其词。

胡适说：“在这七八年中，国内文艺界里起了不少的风波，吵了不少的架，许多很熟的朋友往往弄得不能见面。但我没有听见有人怨恨过志摩，谁也不能抵抗志摩的同情心，谁也不能避开他的黏着性。他才是和事佬，他有无穷的同情，他才是朋友中间的‘连索’。他从没有疑心，他从不曾妒忌。他使这些多疑善妒的人们十分惭愧，又十分羡慕。”

他的人生观真是一种“单纯信仰”，这里面只有三个词：一个是爱，一个是自由，一个是美。他梦想这三个理想的条件能够汇合在一个人生里，这是他的“单纯信仰”。他的一生的历史，只是他追求这个单纯信仰的实现的历史。社会上对于他的行为，往往有不能谅解的地方，都只因为社会上批评他的人不曾懂得志摩的“单纯信仰”的人生观。他的离婚和他的第二次结婚，是他一生最受社会严厉批评的两件事。现在志摩的棺已盖了，而社会上的议论还未定。但我们知道这两件事的人，都能明白，至少在志摩的方面。这两件事最可以代表志摩的单纯理想的追求。他万分诚恳地相信那两件事都是他实现他那“美与爱与自由”的人生的正当步骤。

杨振声说：“他所处的环境，任何人要抱怨痛苦了，但我没听见他抱怨过任何人；他的行事受旁人的攻击多了，但他并未攻击过旁人。难道他是滑？我敢说没有一个认识他的朋友会有这个印象的，因为他是那般的天真！他只是不与你计较是非罢了。他喜欢种种奇奇怪怪的事，他一生在搜求人生的奇迹和宇宙的宝藏。哪怕是丑，能丑得出奇也美；哪怕是坏，坏得有趣就好。反正他不是当媒婆，作法官，谁管那些！他只是这样一个鉴赏家，在人生的行程中，采取奇葩异卉，织成诗人的袈裟，让哭丧着脸的人们看了，钩上一抹笑容。这人生就轻松多了！”

沈从文说："我以为志摩智慧方面美丽放光处，死去了是不能再得的，固然十分可惜。但如他那种潇洒与宽容，不拘迂，不俗气，不小气，不势利，以及对于普遍人生万汇百物的热情，人格方面美丽放光处，他既然有许多朋友爱他崇敬他，这些人一定会把他那种美丽人格移植到本人的行为上来。"

沈从文对徐志摩的评价是非常高的，他的这段话是三年后才说出来的，因为当时得知徐志摩去世之后，他万分悲恸，没有时间和心情写自己的真实感受，而是沉浸在伤心之中。人无完人，也可能做到让所有人喜欢，每个人的身上都有着或多或少的缺点，但是一味指责别人的过错而忘记了他的优点，不仅是残忍的，还是丑陋的，说明这种人的内心很肮脏，应该从心灵开始去认识到别人身上的优缺点。

丢失在风中的少年

每个人都知道生老病死是人之常情，是无法违背的自然规律，但是，当我们曾经深爱的朋友或家人离开我们的时候，那种痛楚仍然是那样的刻骨铭心。昨日的你，还是满脸的笑容，温柔的话语，在康桥上谈论诗篇，在舞台上施展才艺。可似乎只是刹那间，便是阴阳两隔，不知此刻驻留在奈何桥河畔的你是否能听到我的呼唤?

无数个冷寂的夜晚，林徽因的泪水打湿了枕头，她知道，徐志摩已经永远离开人世了，再不能回到亲人、朋友的身边，也永远地离开了她。她写的《悼志摩》一文被刊登在《北平晨报》上。内容如下：

一月十九日我们的好朋友，许多人都爱戴的新诗人，徐志摩突兀的，不可信的，残酷的，在飞机上遇险而死去。这消息在二十日的早上像一根针刺触到许多朋友的心上，顿使那一早的天墨一般的昏黑，哀恸的哽咽锁住每一个人的嗓子。

志摩……死……谁曾将这两个句子联在一处想过！他是那样活泼的一个人，那样刚刚站在壮年的顶峰上的一个人。朋友们常常惊讶他的活动，他那像小孩般的精神和认真，谁又会想到他死?

突然的，他闯出我们这共同的世界，沉入永远的静寂，不给我们一点儿预告，一点儿准备，或是一个最后希望的余地。这种几乎近于忍心的决绝，那一天不知震麻了多少朋友的心？现在那不能否认的事实，仍然无情地挡在我们前面。任凭我们多苦楚地哀悼他的惨死，多迫切地希冀能够仍然接触到他原来的音容，事实是不会为我们这伤悼而有些许活动的可能！这难堪的永远静寂和消沉便是死的最残酷处。

我们不迷信的，没有宗教地望着这死的帷幕，更是丝毫没有把握。张开口我们不会呼吁，闭上眼不会入梦，徘徊在理智和情感的边沿，我们不能预期后会，对这死，我们只是永远发怔，吞咽枯涩的泪；待时间来剥削着哀恸的尖锐，痂结我们每次悲悼的创伤。那一天下午初得到消息的许多朋友不是全跑到胡适之先生家里吗？但是除去拭泪相对，默然围坐外，谁也没有主意，谁也不知有什么话说，对这死！

谁也没有主意，谁也没有话说！事实不容我们安插任何的希望，情感不容我们不伤悼这突兀的不幸，理智又不容我们有超自然的幻想！默然相对，默然围坐……而志摩则仍是死去没有回头，没有音讯，永远地不会回头，永远地不会再有音讯。

我们中间没有绝对信命运之说的，但是对着这不测的人生，谁不感到惊异，对着那许多事实的痕迹又如何不感到人力的脆弱，智慧的有限。世事尽有定数？世事尽是偶然？对这永远的疑问我们什么时候能有完全地把握？

在我们前边展开的只是一堆坚质的事实：

“是的，他十九晨有电报来给我……

“十九早晨，是的！说下午三点准到南苑，派车接……

“电报是九时从南京飞机场发出的……

“刚是他开始飞行以后所发……

“派车接去了，等到四点半……说飞机没有到……

“没有到……航空公司说济南有雾……很大……”只是一个钟头的差别；下午三时到南苑，济南有雾！谁相信就是这一个钟头中便可以有这么不同事实的发生，志摩，我的朋友！

他离平的前一晚我仍见到，那时候他还不知道他次晨南旅的，飞机改期过三次，他曾说如果再改下去，他便不走了的。我和他由同一个茶会出来，在总布胡同口分手。在这茶会里我们请的是为太平洋会议来的一个柏雷博士，因为他是志摩生平最爱慕的女作家曼殊斐儿的姊丈，志摩十分的殷勤；希望可以再从柏雷口中得些关于曼殊斐儿早年的影子，只因限于时间，我们茶后匆匆地便散了。晚上我有约会出去了，回来时很晚，听差说他又来过，适遇我们夫妇刚走，他自己坐了一会儿，喝了一壶茶，在桌上写了些字便走了。我到桌上一看：——

“定明早六时飞行，此去存亡不卜……”我怔住了，心中一阵不痛快，却忙给他一个电话。

“你放心。”他说，“很稳当的，我还要留着生命看更伟大的事迹呢，哪能便死？……”

话虽是这样说，他却是已经死了整两周了！

现在这事实一天比一天更结实，更固定，更不容否认。志摩是死了，这个简单残酷的实际早又添上时间的色彩，一周，两周，一直的增长下去……

我不该在这里语无伦次地尽管呻吟我们做朋友的悲哀情绪。归根说，读者抱着我们的文字看，也就是像志摩的请柏雷一样，要从我们口里再听到关于志摩的一些事。这个我明白，只怕我不能使你们满意，因为关于他的事，动听的，使青年人知道这里有个不可多得的人格存在的，实在太多，绝不是几千字可以表达得完的。谁都得承认像他这样的一个人世间便不轻易有几个的，无论在中国或是外国。

我认得他，今年整十年，那时候他在伦敦经济学院，尚未去康桥。我初次遇到他，也就是他初次认识到影响他迁学的狄更生先生。不用说他和我父亲最谈得来，虽然他们年岁上差别不算小，一见面之后便互相引为知己。他到康桥之后由狄更生介绍进了皇家学院，当时和他同学的有我姊丈温君源宁。一直到最近两个月中源宁还常在说他当时的许多笑话，虽然说是笑话，那也是他对志摩最早的一个惊异的印象。志摩认真的诗情，绝不含有任何矫伪，他那种痴，那种孩子似的天真实能令人惊讶。源宁说，有一天他在校舍里读书，外边下起了倾盆大雨——唯是英伦那样的岛国才有的狂雨——忽然他听到有人猛敲他的房门，外边跳进一个被雨水淋得全湿的客人。不用说他便是志摩，一进门一把扯着源宁向外跑，说快来我们到桥上去等着。这一来把源宁怔住了，他问志摩等什么在这大雨里。志摩睁大了眼睛，孩子似的高兴地说“看雨后的虹去”。源宁不止说他不去，并且劝志摩趁早将湿透的衣服换下，再穿上雨衣出去，英国的湿气岂是儿戏，志摩不等他说完，一溜烟地自己跑了。

以后我好奇地曾问过志摩这故事的真确，他笑着点头承认这全段故事的真实。我问：那么下文呢，你立在桥上等了多久，并且看到虹了没有？他说记不清但是他居然看到了虹。我诧异地打断他对那虹的描写，问他：怎么他便知道，准会有虹的。他得意地笑答我说：“完全诗意的信仰！”

“完全诗意的信仰”，我可要在这里哭了！也就是为这“诗意的信仰”他硬要借航空的方便达到他“想飞”的夙愿！“飞机是很稳当的”他说，“如果要出事那是我的命运！”他真对命运这样完全诗意的信仰！

志摩，我的朋友，死本来也不过是一个新的旅程，我们没有到过的，不免过分地怀疑，死不定就比这生苦，“我们不能轻易断定那一边没有阳光与人情的温慰”，但是我前边说过最难堪的是这永远的静寂。我们生在这没有宗教的时代，对这死实在太没有把握了。这以后许多思念你的日子，怕要全是昏暗的苦楚，不会有一点点光明，除非我也有你那美丽的诗意的信仰！

我个人的悲绪不竟又来扰乱我对他生前许多清晰的回忆，朋友的原谅。

诗人的志摩用不着我来多说，他那许多诗文便是估价他的天平。我们新诗的历史才这样的短，恐怕对他做出的判断的人尚在我们儿孙辈的中间。我要谈的是诗人之外的志摩。人家说志摩的为人只是不经意的浪漫，志摩的诗全是抒情诗，这断语从不认识他的人听来可以说很公平，从他朋友们看来实在是对不起他。志摩是个很古怪的人，浪漫固然，但他人格里最精华的却是他对人的同情，和蔼和优容；没有一个人他对他不和蔼，没有一种人，他不能优容，没有一种的情感，他绝对地不能表同情。我不说了解，因为不是许多人爱说志摩最不解人情吗？我说他的特点也就在这上头。

我们寻常人就爱说了解；能了解的我们便同情，不了解的我们便很落寞乃至于酷刻。表同情于我们能了解的，我们以为很适当；不表同情于我们不能了解的，我们也认为很公平。志摩则不然，了解与不了解，他并没有过分地夸张，他只知道温存，和平，体贴，只要他知道有情感的存在，无论出自何人，在何等情况下，他理智上认为适当与否，他全能表几分同情，他真能体会原谅他人与他自己的不相同之处。他这样的温和，这样的优容，真能使许多人惭愧，我可以忠实地说，至少他要比我们多数的人伟大许多；他觉得人类各种的情感动作全有它不同的，价值放大了的人类的眼光，同情是不该只限于我们划定的范围内。他是对的，朋友们，归根说，我们能够懂得几个人，了解几桩事，几种情感？哪一桩事，哪一个人没有多面的看法！为此说来志摩的朋友之多，不是个可怪的事；凡是认得他的人不论深浅对他全有特殊的感情，也是极为自然的结果。而反过来看他自己在他一生的过程中却是很少得着同情的。不止如是，他还曾为他的一点儿理想的愚诚几次几乎不见容于社会。但是他却未曾为这个鄙吝他给他人的同情心，他的性情，不曾为受了刺激而转变刻薄暴戾过，谁能不承认他几有超人的宽量。

志摩的最动人的特点，是他那不可信的纯净的天真，对他的理想的愚诚，对艺术欣赏的认真，体会情感的切实，全是难能可贵到极点。他站在雨中等虹，他甘冒社会的大不韪争他的恋爱自由；他坐曲折的火车到乡间去拜哈岱，他抛弃博士一类的引诱卷了书包到英国，只为要拜罗素做老师，他为了一种特异的境遇，一时特异的感动，从此在生命途中冒险，从此抛弃所有的旧业，只是尝试写几行新诗——这几年新诗尝试的运命并不太令人踊跃，冷嘲热骂只是家常便饭——他常能走几里路去采几茎花，费许多周折去看一个朋友说两句话；这些，还有许多，都不是我们寻常能够轻易了解的神秘。我说神秘，其实竟许是傻，是痴！事实上他只是比我们认真，虔诚到傻气，到痴！他愉快起来他的快乐的翅膀可以碰得到天，他忧伤起来，他的悲戚是深得没有底。寻常评价的衡量在他手里失了效用，利害轻重他自有他的看法，纯是艺术的情感的脱离寻常的原则，所以往常人常听到朋友们说到他总爱带着嗟叹的口吻说："那是志摩，你又有什么法子！"他真的是个怪人吗？朋友们，不，一点儿都不是，他只是比我们近情，比我们热诚，比我们天真，比我们对万物都更有信仰，对神，对人，对灵，对自然，对艺术！

朋友们我们失掉的不只是一个朋友，一个诗人，我们丢掉的是个极难得可爱的人格。

至于他的作品全是抒情的吗？他的兴趣只限于情感吗？更是不对。志摩的兴趣是极广泛的。他始终极喜欢天文，他对天上星宿的名字和部位就认得很多，最喜暑夜观星，好几次他坐火车都是带着关于宇宙的科学的书。他曾经译过爱因斯坦的《相对论》，并且在一九二二年便写过一篇关于相对论的东西登在《民铎》杂志上。他常向思成说笑："任公先生的相对论的知识还是从我徐君志摩大作上得来的呢，因为他说他看过许多关于爱因斯坦的哲学都未曾看懂，看到志摩的那篇才懂了。”今夏我在香山养病，他常来闲谈，有一天谈到他幼年上学的经过和美国克莱克大学两年学经济学的景况，我们不禁对笑了半天，后来他在他的《猛虎集》的“序”里也说了那么一段。可是奇怪的！他不像许多天才，幼年里上学，不是不及格，便是被斥退，他是常得优等的，听说有一次康乃尔暑校里一个极严的经济学教授还写了信去克莱克大学教授那里恭维他的学生，关于一门很难的功课。我不是为志摩在这里夸张，因为事实上只有为了这桩事，今夏志摩自己便笑得不亦乐乎！

此外他的兴趣对于戏剧绘画都极深浓，戏剧不用说，与诗文是那么接近，他领略绘画的天才也颇为可观，后期印象派的几个画家，他都有极精密的爱恶，对于文艺复兴时代那几位，他也很熟悉，他最爱鲍蒂切利和达文骞。自然他也常承认文人喜画常是间接地受了别人论文的影响，他的，就受了法兰(ROGERFRY)和斐德(WALTERPATER)的不少影响。对于建筑审美他常常对思成和我道歉说：“太对不起，我的建筑常识全是RUSKINS那一套。”他知道我们是讨厌RUSKINS的。但是为看一个古建的残址，一块石刻，他比任何人都热心，都更能静心领略。

他喜欢色彩，虽然他自己不会作画，暑假里他曾从杭州给我几封信，他自己叫它们做“描写的水彩画”，他用英文极细致地写出西(边？)桑田的颜色，每一分嫩绿，每一色鹅黄，他都仔细地观察到。又有一次他望着我园里一带断墙半晌不语，过后他告诉我说，他正在默默体会，想要描写那墙上向晚的艳阳和刚刚入秋的藤萝。

对于音乐，中西的他都爱好，不止爱好，他那种热心便唤醒过北京一次——也许唯一的一次——对音乐的注意。谁也忘不了那一年，克拉斯拉到北平在“真光”拉一个多钟头的提琴。对旧剧他也得算“在行”，他最后在北平那几天我们曾接连地同去听好几出戏，回家时我们讨论地热烈，比任何剧评都诚恳，都起劲儿。

谁相信这样的一个人，这样忠实于“生”的一个人，会这样早地永远地离开我们另投一个世界，永远地静寂下去，不再透些许声息！

我不敢再往下写，志摩若是有灵听到比他年轻许多的一个小朋友拿着老声老气的语调谈到他的为人不觉得不快吗？这里我又来个极难堪的回忆，那一年他在这同一个的报纸上写了那篇伤我父亲惨故的文章，这梦幻似的人生转了几个弯，曾几何时，却轮到我在这风紧夜深里握吊他的惨变。这是什么人生？什么风涛？什么道路？志摩，你这最后的解脱未始不是幸福，不是聪明，我该当羡慕你才是。

林徽因和徐志摩相识十年，两人是羡煞旁人的蓝颜知己，她诉说了自己梦到徐志摩的种种，只是在拼凑残存的记忆，想要找回那个丢失在风中的少年，可是无论她怎么呼唤，都无法再得到回应，那个少年永久地消失了……

写尽哀思

1934年，林徽因和梁思成应浙江省建设厅邀请商议杭州六和塔重新修建的计划，之后他们赶往浙南武义宣平镇考察元代延福寺，在金华天宁寺发现一处元代建筑，没想到返回上海的途中还看到这样的小站。

林徽因突然从卧铺上跳下来，望着窗外远山的黑影和近处的灯火。梁思成带着林徽因走下火车，站台上很是冷清。这里就是硖石。

徐志摩曾经用硖石土话写过诗，只不过现在，这里没有志摩，也没有诗和音乐。林徽因望着远处的两座高山，心想，志摩也许就睡在这座山上。火车只停留了3分钟，林徽因还没来得及道别就又踏上了征程，上车之后，她已经感受不到火车的行驶，只知道伴随着车轮的震动，她的泪水又忍不住流了下来。

林徽因静静地坐在座位上，眼睛盯着窗外，梁思成将一件外衣披在她身上。此刻的她正在回忆着徐志摩的诗句：

火车擒住轨，在黑夜里奔；

过山，过水，过陈子人的坟；

过桥，听钢骨牛喘似的叫，
过荒野，过门户破烂的庙；
过池塘，群蛙在黑水里打鼓，
过噤口的村庄，不见一粒火；
过冰清的小站，上下没有客，
月台袒露着肚子，象是罪恶。
这时车的呻吟惊醒了天上，
三两个星，躲在云缝里张望；
那是干什么的，他们在疑问，
大凉夜不歇着，直闹又是哼，
长虫似的一条，呼吸是火焰，
一死儿往暗里闯，不顾危险，
就凭那精窄的两道，算是轨，
驮着这份重，梦一般累坠。

突然，林徽因想起今天就是 11 月 19 日，徐志摩遇难的三周年忌日，似乎冥冥之中自有天意，一个偶然的机会、偶然的日子，又一次的重逢，虽然这重逢只是匆匆一瞥。

火车呼啸而过，将尘封的往事在记忆中开启，又随着前行渐渐变得模糊。林徽因展开纸，将此刻内心的情绪倾注于笔尖：

别丢掉
这一把过往的热情，
现在流水似的，

轻轻
在幽冷的山泉底，
在黑夜，在松林，
叹息似的渺茫，
你仍要保存着那真！
一样是明月，
一样是隔山灯火，
满天的星，只有人不见，
梦似的挂起，
你向黑夜要回
那一句话——你仍得相信
山谷中留着
有那回音！

当日头的光辉撒在纸上时，火车已经抵达上海，老同学陈植等人前来接站，久别重逢，每个人都非常开心，在下榻的地方滔滔不绝地谈论着。可以往健谈的林徽因却变得沉默寡言。陈植终于忍不住问林徽因：“徽姐这是怎么了，为什么不说话？”林徽因却回答道：“你以为我是女人家，总是说个不停吗？”梁思成说：“我们来时的火车路过了硖石。”听到梁思成的回答，众人都沉默了。

浙南考察第二年的 5 月 9 日，新月派青年诗人方玮德于北平医院病逝，林徽因本就受了重创的心再次遭受打击。她送殡到法源寺，看着眼前的孤独亡灵，泪水不知不觉模糊了双眼，似乎看到了往日的情景，她拿起笔，再次为患肺病早逝的朋友写尽自己的哀思：

玮德，是不是那样
你觉得有点儿乏了，有点儿
不耐烦了，
并不为别的缘故，
你就走了，
向着哪一条路？
玮德，你真聪明！
早早的让花儿开过了，
那顶鲜妍的几朵，
就选了这样春天的清晨，
挥一挥袖，
对着晓天的烟霞，
走去，轻轻的，轻轻的，
背着我们。
春风似的不再停住！

春风似的吹过，
你却留下，
永远那么一颗，
少年人的信心；
少年的微笑。
和悦的
洒脱在别人的新枝上。

你们骄傲，
你这骄傲，
但你，玮德，独不惆怅
你们这一
惴弱的悲伤？

黯淡是这人间
美丽不常走来
你知道，
歌声如果有，也只在
几个唇边旋转！
一层层尘埃，
凄怆是各自的安排。
即使狂飙不起，狂飙不起，
这远近苍茫，
雾里狼烟，
谁还看得见花开！

你走了，
你也走了，
尽走了，再带着去
那些儿馨芳，
那些儿嘹亮，
明天再明天，此后
寂寞的平凡中

谁让谁来支持
一星星理想，难道
从此都空挂到天上？

玮德你真是个诗人，
你这般年轻，好像
天方放晓，钟刚敲响……
你却说倦了，有点儿
不耐烦忍心，
虹桥由中间折断；
情愿听杜鹃啼唱，
相信有明月长照，
寒光水底能依稀映成
那一半连环
憧憬中
你诗人的希望！
你觉得乏了！人间的怅惘
你不管；
莲叶上笑着展开
浮烟似的诗人的脚步。
你只相信天外那一条路？

林徽因伴着眼泪写下这首诗，这几年，生活给了她太多的打击，让她不得不接受现实，参悟生死。

第八章 建筑传奇：踏遍万水千山

探寻龙门石窟

1936年初夏，一支由梁思成、林徽因、刘敦桢三位海内外知名建筑学家以及他们的学生陈明达、赵正之组成的小考察队走进了龙门石窟，他们开始对石窟进行全面考察，虽然只有五个人，可分工却是非常严细：刘敦桢负责洞窟编号和记录建筑特征，林徽因负责考察佛像雕饰，梁思成和陈明达负责摄影，赵正之负责抄铭刻年代。

刚走进龙门，林徽因就被眼前的景象深深地震撼了。这座洞窟开凿于北魏太和年间，经东魏、西魏、北齐、北周、隋等朝雕造，唐贞观只有龙门变成贵族和皇室造像活动的中心，两座上遍及窟龛，全山造像10余万个，和敦煌莫高窟、大同云冈石窟并称为三大石窟。一座座洞窟掩映于山树之间，石头与周围的景物融为一体。

石头铺成的小路崎岖而坎坷，上面长满了毛茸茸的青苔，小路周围灌木丛生，让攀缘者举步维艰，一不小心就会被绊个跟头。虽然大家都是腿脚强健的年轻人，可一座山还没爬到一半，就已经累得瘫软在地。

林徽因原本打着一把桐油布、紫竹柄的湖州雨伞，却没想到爬山的时候用这柄伞当了拐杖，进洞窟考察的时候飞出一群蝙蝠，这把伞又成了遮挡蝙蝠袭击和粪便的利器。林徽因的头上扎着一块羊肚子毛巾，整个人看上去如同一个村妇，这身装束让陈明达和赵正之两人大吃一惊，戏说师母的这身打扮如同河南小媳妇。可林徽因却怎么也笑不出来，眼前的景象让她颇为揪心，龙门石窟大部分开凿于石灰岩上，窟区中喀斯特溶洞和岩石里面的构造裂缝上长满了荆棘和侧柏，庞大的根系撬动了一块块石头，所以经常会有岩体崩落。洞窟中常年渗水，到处是一片阴暗潮湿，很多雕像都已经被腐蚀得看不出原来的面貌。有的洞口被茂密的茅草和荆棘遮掩，人想要进洞，必须先把这些挡路的草莽拨开，经常会有蛇从灌木丛中爬出来，吓得林徽因浑身起鸡皮疙瘩。

不过这些“小插曲”和洞窟中的美比起来都不算什么，进入古阳洞之后，林徽因的心情瞬间好了起来，这座最早开凿的最大规模的洞窟深十三四米，高十几米，中间有一座高五六米的巨大雕像，两旁是菩萨雕像，让人感到惊奇的是，主尊竟然是道家天尊的形象。刘敦桢却解释说：“这主尊像原本就是释迦牟尼佛，他身边的这两位一位是文殊，另一位是普贤，肯定是释迦牟尼的面部被风化掉，后来被人补上去，移花接木，用道家天尊取代了佛祖。”梁思成凑近一看，的确是被补上去的，只是对于当初的门户之争竟至此而感到无奈。

林徽因被洞窟之中的建筑深深迷住了，洞窟利用天然石洞修凿而成，窟平面似马蹄形，主佛两壁是排列有序的佛龛，每两个佛龛之间又加凿了无数小龛，有近千座，琳琅满目，美丽非常。

林徽因看得有些入神，她将画板架在膝盖上，边临摹边赞叹："太美了，真是奇迹。"刘敦桢却笑着问道："徽因，是不是又在写诗？"林徽因回答道："这首诗1500年就写在这里了，石头的诗篇是不会被风化的。"陈明达、赵正之纷纷拍手叫好："这才是最好的诗呢！"

石窟中的造像风格朗然，佛像体态扁平修长，眉目、面庞清秀，唇薄颔尖，两肩削窄，连壁上浮雕的飞天都是那么飘逸。梁思成和陈明达不断地按着照相机快门，林徽因等人在本子上记录下密密麻麻的考察资料，开始探寻龙门石窟的每个角落。

形形色色的塔

结束龙门石窟之行，一行人又来到了七大古都之一的开封，作为中国古塔的考察，最先进入众人视线的是开封祐国寺的铁塔，这座塔建于北宋皇祐元年，用琉璃砖建造而成，平面8角，13层，高60米，外壁镶嵌着褐色琉璃瓦，如同生铁浇铸一般，因而被称作铁塔。

梁思成和林徽因等人来到这里的时候，塔基已经由于黄河的泛滥而被淹没在地下，他们首次走近这座被称作“天下第一塔”的古塔之中，抚摸着塔身琉璃瓦上的浮雕飞天、降龙、麒麟、菩萨、力士、狮子等，真可谓绝世佳作。

通过底层被淹没一半的圭形洞进入塔身，沿砖砌蹬道，上行168级台阶到达塔顶，远眺行人如蚁，向北眺望，可以看到黄河横空如出天边，竟然给人一种“黄河之水天上来”的感觉。孤帆远影，星光闪现，中原大地一片苍茫之色。

从塔顶走下来，仰望宝塔的飞檐抖拱，宝瓶式的铜塔刹，造型宏伟而挺拔，如擎天巨柱一般，二人一种倚天抽剑的豪气。

天清寺的繁塔让人领悟到了美和力的永恒，始建于宋太祖开宝年间，至淳化元年方才竣工，虽然如今只剩下一座残塔，但是由于明代在残留的3层塔身加建7层小塔，让人感觉很是独特。

塔壁上雕刻着《金刚椠若波罗蜜经》和《十善业道经要略》，梁思成扶着眼镜对他们细细鉴赏起来。林徽因也打开速写簿，开始描绘巍峨的塔影，通过巧妙的补缀后的残缺美让她为之震撼，她瞬间领悟到了美的多样性，有时候，残缺就是另一种完美，而这种完美要用心灵去补充、去领悟。

离开开封，他们赶往济南和学生麦俨僧会合，开车向东去了历城、章丘、临淄、益都、潍县，之后回到济南南下长清、泰安、慈阳、济宁、邹县、滕县 11 个县，分别考察了神通寺、四门塔、辟支塔、慧宗塔、法定塔、兴隆寺砖塔、铁塔寺铁塔、法兴寺宋塔、龙泉寺明塔，岱庙、县文庙、寺殿等古建筑。这趟山东之行不仅留下了珍贵的建筑材料，也让林徽因的艺术灵感被激发出来，很多佳作都成为后世传诵的名篇，包括《山中》《黄昏过泰山》等。

最让林徽因印象深刻的是她和梁思成的陕西之行，他们应顾祝同之邀作小雁塔的维修计划。大小雁塔让林徽因感受到了中国古建筑的独特美。

坐落在西安市南慈恩寺内的大雁塔是一座多层阁楼式青砖塔，关于这个塔还有个美丽的传说：曾经有群雁飞过慈恩寺，领头的大雁突然坠落在地，众僧惊愕，觉得是菩萨显灵，于是在大雁坠落之处建起一座高塔，将死去的大雁埋在塔下，因而得名雁塔。此塔建于唐永徽三年，玄奘为了保护从印度带回来的经典，唐高宗便在寺的西院建造此塔，最开始建造东西时候砖身土心，平面方形，共五层，到了唐长安年间，用青砖改建为七层，能从塔内攀登到塔顶，到唐大历年间改建为十层。

林徽因和梁思成被塔门精美的佛像深深迷住，西面石门楣上是“阿弥陀佛法图”，传说是出自唐代画家阎立本之手，图中的佛殿笔笔皆按比例刻画，屋脊上有兽吻、飞檐、风铃、斗拱、柱基、石阶等都表现得非常清楚，把唐代建筑的特色全部展示了出来。林徽因说：“如果将来有人搞个摹本，唐代的营造法式就有大致轮廓了。”

小雁塔位于西安市南郊，于唐中宗景龙年间建造而成，主要用于收藏经书，由于比大雁塔小，所以称之为小雁塔。

最让林徽因称奇的是小雁塔三次的离合：明化末年地震的时候，塔从底中间断裂一尺多宽的缝隙，明澈似开了一道“通窗”，正德末年地震，塔中的裂缝竟然自行弥合，天衣无缝，堪为奇观。第二次是明嘉靖乙卯地震，塔身再次裂开，癸亥地震，之后又复合无痕。第三次是清康熙辛未，塔身震裂，辛丑地震中自行复合。小雁塔的三次震裂三次复合给林徽因和梁思成更多启发，他们制定修复小雁塔的计划作为历史依据。

林徽因通过这一系列的观察更是深刻领悟到了中国塔文化的意义，它不仅是一份壮美和力量，更是一种人文精神和民族风骨，它丰富的文化内涵象征着真、善、美的人格，不仅体现出了佛家的“无常”“无我”“寂静”，而且展现出了一个民族创造超凡入圣的人生终极价值。

那段时间，林徽因和梁思成还去了耀县（今耀州区），考察药王庙，他们原本还想去敦煌莫高窟，无奈时局紧张，带着遗憾而归。

神秘的佛光寺

林徽因和梁思成在前往太原的途中路过榆次的时候，曾有过让他们狂喜的发现，简直就是意外的惊喜。

那天，林徽因突然从车厢里探出头，那座小殿的飞檐刚好扑入她的视线当中，那别具一格的营造法式让林徽因感到这并不是一座寻常的建筑，那座小殿堂就是永寿寺的雨花宫。经过考察之后，的确证实了林徽因的猜想。雨花宫的结构是用最简略的方法，节省掉不必要的构材，在处理构材的时候产生纯美之感，并未加上什么特殊的装饰。此建筑建于大宋祥符元年，是唐宋木构建筑过渡的重要实例。

林徽因、梁思成、莫宗江、纪玉堂四人骑着毛驴上山，在崎岖的山崖小路上走走停停，找了许久才看到那一角探身在松墙外的飞檐。林徽因开心地叫道："就是它！就是它！"

佛光寺坐落于佛光山腰，因山势而建，坐东朝西，三面环山，寺中的建筑高低错落，主从有致，由于年久失修，雕梁画栋的油彩已经剥落，如同一群蓬头垢面的阿罗汉疲龛地歇在山坡。林徽因和梁思成曾经读过伯希和的《敦煌石窟图录》，上面讲的是五台山的佛光寺，之后他们又在《古清凉志》《高僧传》《佛祖统计》《法苑珠林》等史料之中找出了有关佛光寺的记载。佛光寺建于北魏时期，唐武宗会昌灭法的时候将佛光寺毁于一旦，12年后，逃亡在外的佛光寺僧人重建此寺。

几个人轻扣山门，开门的是位70多岁的老僧，几人讲明来意之后，老人非常开心，趁着天还没黑偷带着几个人去看大雄宝殿前面的石经幢，林徽因借着手电光拂掉石碑上的浮尘，看到了上面有些模糊的“女弟佛殿主宁公遇”“大中十一年十月四日”等字迹，她脱口而出：“你们快看，石碑上写着公元857年，至今已有1000多年历史了。”梁思成也兴奋地说：“看大殿的轮廓、比例，肯定不是唐代以后的建筑，我们总算是没白来，抱上大金娃娃了。”老僧人说：“前几年寺院还不像如今这般破败，只是如今愿诚大师的塔也倒了，寺庙也败了，只有我和一个哑巴徒弟在续香火。”

次日，几个人开始对寺院进行全面考察，寺院的建筑，东殿是唐代的，文殊殿是金代的，此外还有一些不知年代的建筑，包括天王殿、伽蓝殿、完善堂、香风花雨楼等。东大殿横列七楹，纵深四间，单檐庑殿顶，质朴刚健中，显得古色而苍劲。一层层的斗拱承托起梁架和屋檐，斗拱翻飞，翼出深远，如同大鹏展翅。殿顶是板瓦仰俯铺盖而成，脊兽全都是黄绿色的琉璃艺术品，一堆高大琉璃鸱吻在殿顶的正脊两端，使殿宇显得更加壮丽。

为了确定大殿的建筑年代，几个人爬到顶板之上，殿宇的建造大多标注在脊檀之上，顶板上的光线有些暗，他们沿着檐下的空隙向内爬，踩在几寸厚的浮土上，哑巴徒弟给他们打手电筒照明。他看到林徽因爬在最前面，手脚轻快，动作麻利，连连竖起大拇指。房梁上成群的黑蝙蝠在手电光的照射下“呼啦”一下子惊飞起来，直往人身上撞。拍照的时候，镁光灯闪出的光更是惊起成群的蝙蝠，让人无法睁眼。第一天的考察收获颇丰。

东大殿保存着唐代和明代的五百多尊彩色泥塑，大殿正中的大佛坛中有三十尊彩色泥塑。坛上的塑像有释迦牟尼佛坐像、弥勒佛半跏像、阿弥陀佛坐像，都有 3 米高；坛上蹲踞的是供养人，手上盼着盘碗，里面盛满了净国。这些彩塑的做工精美，线条流畅，面容丰满。

连续考察了几天之后，林徽因又偶然发现了大殿梁下隐约的墨迹，似乎是题字。大殿共 9 米高，梁上布满了灰尘，字迹有些模糊，于是委托老僧到村中找人帮忙。老僧和哑巴徒弟出去一整天才找到两个老汉，几个人又是一天的忙活才做好一个架子，林徽因第一个爬了上去，梁上的积土已经不知多少年了，擦都擦不掉，林徽因只好让梁思成将被单撕掉，浸入水中，再次擦拭，果然看到了字迹，但是水干之后，字迹又消失了，这样折腾了三次才终于辨认出梁上的字——“功德主故右军尉王”，字体有唐代的风格。这行字说明佛光寺建于唐大中十一年，印证了碑文记载的年代。在第三梁上发现了“助造佛殿泽州功曹参军张公长”的字样，大家一鼓作气，将山间南梁上的字也辨认了出来：“敕河东节度观察处置等检校部工尚书兼御使大夫郑”。

林徽因猜测：“这个功德主很可能是个宦官。唐贞元以来，置神策军护军中尉由宦官充任，时号两军中尉。此后，中尉掌管了天下大权。甚至连皇帝的废立都由他说了算，是个显赫角色啊！”这一发现让一行人喜出望外，就连老僧和哑巴徒弟也跟着开心起来。

佛光寺中庭的左边是观音殿，右边是文殊殿，分峙南北，文殊殿面阔七楹，深四架，单檐悬山顶，在殿宇的前后檐的补间的斗拱是庞大的斜拱，房檐下的补间是斜拱，宽大而精巧，形制似怒放的花朵。经过一番考证，他们发现大殿在建造的过程中使用的是“减柱法”，大殿前后两槽都用了长跨三间的大内额，后槽内额和内额间用斜材传递负荷，构成“人字柁架”屋架，殿顶正脊中央装饰着琉璃宝刹，色泽浑厚，形制秀丽，经考证，是辽、金代的建筑特征。

佛光寺的很多古塔几乎都是国内建筑独一无二的，大殿南侧为开山祖师的墓塔，上半截已经坍塌，只剩下雕有莲花瓣和宝珠的塔座。林徽因说，这种局部装饰手法是北魏风格。墓塔林中的塔有的建于宋代，有的建于唐代，给人一种迷宫的感觉。

战争中的伤痛

结束了对佛光寺的考察之后，一行人一路北上，考察了灵境寺、金阁寺、镇海寺、南山寺，最后到达五台县最北端的台怀镇。台怀镇处在五台山五大高峰之中，里面居住着汉、满、蒙、藏四个民族，有不到两千的居民。

台怀镇有个灵鹫峰，也叫菩萨顶，是东汉时期佛家在中国最初的传播人摄摩腾和竺法来台怀镇，看到菩萨顶形状像印度灵鹫峰，才为其取此名。

林徽因和梁思成等人考察了附近的显通寺、塔院寺、万佛阁、罗候寺、圆照寺等二十多所庙宇，掇属明清时代建筑，这让他们对佛光寺的发现更感到惊喜。林徽因和梁思成赶忙写信寄送到太原教育厅，陈述了佛光寺的历史价值，建议他们立即制定出永久保护佛光寺的方法。

下山以前，林徽因给读小学三年级的女儿写了封信，描述了他们的上山、下山路线，而且画了张地图。离家已经一段时间了，林徽因越来越想念自己的子女，每次外出考察的时候都会给女儿写信，将这个八岁的孩子当成大人一般，将旅途中的一切都告知给她。

他们于七月份开始了返程之旅，一路上或爬山，或坐火车，或骑着骡子，经过砂河、繁峙到达代县的时候已经是 7 月 12 日。刚到代县，他们就听到了一个让人震惊的消息——北平发生了“卢沟桥事变”，一路上的兴奋之火瞬间被泼灭，几个人的心情都变得沉重起来，梁思成想起“九·一八”事变日军的种种暴行，不禁仰天长叹。

他们快马加鞭，想要尽快回到北平，可无奈平汉和津浦都不再通车，只好绕道返回，又担心到不了平绥，只好嘱咐玉堂带着图录和稿件暂时返回太原等消息。四个人第二天一大早便从代县出发，徒步走到蒲录中途的阳明堡，之后各奔南北。林徽因和梁思成昼夜兼程赶往北平。

刚到北平，他们就闻到了浓烈的火药味儿，看到宋哲元二十九军的兵车飞驰而过，回到北京总布胡同三号的家里，看到士兵们在门口挖堑壕，好像是要打一场大仗。听说林徽因和梁思成考察归来，朋友们都聚集在林徽因家中，当时北平的马路上人心惶惶，大家相约用实际行动支持宋哲元，林徽因、梁思成、刘敦桢在北平教授政府要求抗日的呼吁书上签下了自己的名字。

由于战争临近，营造学社已经无法继续进行下去，林徽因和梁思成终日忧心忡忡，营造学社之中的同仁都担心这几年的调查资料会落入敌军手中，于是决定将资料转移至天津英租界英资银行库内。

没过几天，守军悄悄撤走，7 月 28 日，日军占领北平，眼看着满街的太阳旗，一股民族耻辱感深深地刺痛了林徽因的心。突然有一天，林徽因和梁思成收到署名“东亚共荣协会”的请柬，是日本人邀请他们参加的会议，林徽因愤怒地将请柬撕了个粉碎。他们决定离开北方到大西南去。

虽然在北方生活了很多年，这里给了他们温暖舒适的家和优越的治学条件，但是战争却让他们不得不离开此地，放弃这里的一切。满院子的丁香花肆意地开放着，仍旧如以往那般宁静、平和、芬芳，只是从不知今日一别，要多久才能见到此景。

第九章

随风而去：留的残荷听雨声

与苦难同行

经历了亲人去世、友人遇难后的林徽因和梁思成更加珍惜眼前的生活，他们开始抓紧时间走遍祖国的名山大川，考察平川上的建筑，日子过得充实而幸福。

林徽因第一篇建筑学研究论文《论中国建筑的几个特征》在《中国营造学社汇刊》上发表了，这是她对中国建筑艺术纲领性的总结。值得庆幸的是，梁思成的《清代营造则例》和《营造算例》终于脱稿，这为二人的建筑领域地位奠定了基础，他们在行走的过程中保留、推动着中国建筑行业的发展。

南京政府开启了保护山东曲阜孔庙的相关事宜，梁思成作为第一责任人开始忙碌于勘察工作，为了可以让梁思成安心工作，林徽因隐瞒了自己肺结核复发的事实。协和医院曾经警告林徽因卧床休息三年，却被她在书信里偷偷将时间改为 3 个月。

人在有了目标的时候就会觉得日子很充实，有做不完的事，停下来内心反而会不安。会不断地想要努力，做更多的事情，将事情做得更好，直到达到终点才肯停下来。哪怕人躺在病床上休息，林徽因的思维也并未停止过，她一边照顾自己的身体，一边打理着家中的大小事务。她请了个护士回家，如此一来，方便照顾自己的身体，也就能腾出更多时间做自己想做的事。

既然卧病在床，很多事都不能做，她便选择了阅读古今中外的名人诗篇，她在文学方面的造诣也越来越高，一直到闻到刺鼻的硝烟味，她才回到现实当中。而这个现实就是没有人性的日本侵华战争。

1937 年 8 月，日本的魔爪伸向了大陆，大街上的行人战战兢兢。日本士兵手握军刀，到处都是侵略者的机枪和大炮，百姓们生活在水深火热之中。墙上写着“中日亲善”“建设大东亚新秩序”“东亚共荣圈”等标语，是那么刺眼而可笑。

梁思成一家和金岳霖经过层层关卡盘问和无数次耳边响起的爆炸声后，终于来到天津租界里梁启超生前留下来的房子——“饮冰室”，原本以为来到这里就能过上几天清静日子。可却没想到，日本人迅速围攻了这座城市。几个人只好一路南下，开始了逃亡的生活。

几个人继续南下，可是却没有快过日本人侵略的脚步，他们刚登上向济南出发的火车，就发现前面盘旋着敌军的飞机。梁子诫抬头指着头顶的飞机，天真地问道：“这是不是舅舅林恒的飞机？”林徽因看着随自己奔波的孩子，怜惜而爱抚地摸了摸孩子的头，又轻轻摇了摇头。

随她一起奔波劳碌了几天的孩子，轻轻地摇了摇头。林恒是林徽因同父异母的弟弟，是个非常安静懂事的小伙子。由于母亲和二娘的关系紧张，因此母亲十分看不惯这个孩子，林徽因倒是没有芥蒂，非常疼爱这个弟弟。燕京和清华的学生开始了大规模的游行示威，想要通过这种方式来抵抗日本残酷的侵略。美国记者埃德加斯诺在报道中写道："不顾警察和他们自己保守的父母的阻拦，成千上万穿着蓝衣服的年轻人高歌游行，前往紫禁城。显然没有想到会有外国人，当地的警察只作了半心半意的和间歇性的干预……忽然间来了一队黑色夹克的政治宪兵，为首的是蒋介石的一个侄子，他们冲进队伍，不分青红皂白地殴打男孩子和女孩子。"

那个林徽因从小就非常喜欢、愿意照顾的懂事的弟弟林恒就在此次游行队伍当中，他遭受了毒打，之后失踪了12小时，等到梁思成找到他的时候，他已经气若游丝，不过还好并无性命之忧。回来之后，林恒放弃了清华大学机械系的学习，报考了空军学院。才有了子诚问林徽因"是不是舅舅的飞机"这段话。

还没在济南站稳脚跟，林徽因又开始南下，在阴雨连天的9月来到长沙，本就羸弱的林徽因在经过长途跋涉之后身体终于支撑不住，再次生病倒下，林徽因的母亲也卧床不起，没办法，梁思成只好边学做饭和一切家务，边照顾生病中的林徽因。日子就这么一天天过着，全家人再无以前的安逸生活。

终于在乱世之中听到一丝安慰的声音。由于日本已经占据整个京平，很多从北平来的学术界朋友都汇集到这里，林徽因在这个地方遇到了张奚若和梁思永。在这个动荡的年代，能和这么多昔日好友聚在一起是多么值得开心的事啊。几个人安顿好之后，大家又像之前在北平的“太太的客厅”那样聚在一起，开始对当前的局势高谈阔论，谈到动情之时甚至高唱救亡歌曲。

不过这种平静并没有持续多久，敌人的飞机仍然在天空中盘旋，原本以为可以恢复到往日的平静，却没想到敌人竟然朝居民投下炮弹，炸毁了一切的平静、安逸与人心。

林徽因在和朋友写信的过程中，还提到了这惊心动魄的一幕：“长沙第一次遭到空袭时，我们的住宅差不多是直接被一颗命中。落在离住宅大门十五码的地方，我们在这所住宅里有三间房子，作为我们临时的家。当时我们都在家——外婆、两个孩子、思成和我。两个孩子都有病躺在床上。谁也不知道我们是怎样逃脱被炸成碎片的厄运的。当我们听见先扔下来离我们较远的两颗的可怕炸裂和轰鸣声以后冲下楼梯时，我们的房子已经垮了。出于奇特的本能，我们两人一人抓起一个孩子就奔向楼梯。但我们还没有到达地面，近处那颗就响了。我抱着小弟（儿子）被炸飞了又摔到地上，却没有受伤。同时房子就开始裂开，那大部分是玻璃的门窗啦、镜框啦、房顶啦、天花板啦，全都倒下来雨点般地落到我们身上。我们从旁门冲出去，到了黑烟呛人的街上。

当我们向联大的防空洞跑去的时候，另一架轰炸机正在下降。我们停止奔跑，心想这次跑不掉了，倒不如大家要死死在一起，省得孤零零地活着受罪。这最后的一颗没有爆炸，而是落在我们在跑着的那条街的尽头。我们的东西（现在已经很少了）都从玻璃垃圾堆里掘出来了，现在我们就在这儿那儿的朋友家暂住。

一到晚上，你会遇到一些从前在北京每星期六聚会的朋友们在这儿那儿闲逛，到妇孺们来此地共赴‘国难’的家宅里寻找一丝家庭的温暖。在轰炸之前，我们仍旧一起聚餐，不是到饭馆去，而是享用我在那三间房子里的小炉子上的烹饪，在这三间房子里，我们实际上做着以前在整个北京总布胡同三号做的一切事情。对于过去有许多笑话和叹息，但总的来说我们的情绪还很高。

我们已决定离开这里到云南去。我们的国家还没有健全到可以给我们分派积极的战时工作的程度，因此我们目前仍然是‘战时厌物’。因此干吗不躲得远远的给人腾地方。有一天那个地方（昆明）也会遭到轰炸，但我们眼前实在没有别的地方可去。”

如今已是满目狼藉，到处都是被炸碎的砖块瓦片，那个曾经充满欢声笑语的地方此刻已经哀鸿遍野。此时，一直和林徽因家一起的金岳霖在战争中和他们走散了。看着被日本人毁掉的家园和眼前民不聊生的景象，林徽因和梁思成除了感到悲愤以外，还有着深深的担忧。他们眼看着自己亲手安置好的一切在瞬间又被毁于一旦，只得默默地摇了摇头。在被炸毁的砖瓦下找出几件家用衣物之后，赶紧带着老人和小孩离开了。

接着，他们住进长沙圣经学院，看着眼前临时搭建好的家，林徽因忍不住长吁一声，可听着耳边轰隆隆的炮火声，她又不禁皱起了眉头。值得欣慰的是，沈从文、曹禺、萧乾、孙伏园等人也从武汉赶到长沙，几个人又在林徽因的住处相聚了，对于这来之不易的重逢让林徽因颇为感慨，甚至感动得留下了泪水。

可长沙也并非久留之地，虽然日本人目前还未到达长沙，但这不代表他们以后不会赶来。大家只好再做打算。身处乱世之中，政局尚未明朗，苦的还是四处奔波的老百姓。和友人们道别之后，林徽因和梁思成又马不停蹄地赶往昆明，希望那里的平静能抚慰一下连日来的疲惫心神，只可惜现实是那么残酷。他们一路向南，要经过常德、沅陵、辰溪、怀化、晃县、贵阳后到达昆明。

为了能安全地到达昆明，他们走的都是蛮荒之地，条件非常艰苦，但对病中的林徽因而言仍然是不小的负担，她努力让自己看起来状态不错，希望不耽误路程，早些到达昆明，远离奔波的日子和不安的心。可身体终究没能支撑到那么远，林徽因在晃县的时候患上了肺炎，高烧40℃。

此时城内的人家紧闭门窗，旅店里住满了难民，梁思成拖着疲惫的身躯不知道该如何是好。还好他们在一家小旅店里遇到八个空军学院的学生，他们得知林徽因的情况后，慷慨地挤出了一间住房给他们。林徽因的病情已经很严重，可是这个县城里根本没有医院，幸亏一个空军学院的学生给他们介绍了一个懂中草药的在中国留学的日本学生，连续治疗了半个月后，林徽因的烧才算退去，瘦骨嶙峋的小脸更加苍白。

大病初愈后的林徽因觉得自己再没有力气和勇气继续四处奔波了，看着天空中盘旋着的敌军的飞机，林徽因突然觉得生活没有了希望，她不想再继续过这样的日子，可又没有突破口，终日以泪洗面。梁思成看着林徽因伤心犹豫，心里十分心疼，他对林徽因说："你还记得父亲生前向我们说过的话吗？失望和沮丧，是我们生命中最恐怖之敌，我们应该终身不许它侵入。"

听到梁思成的话，林徽因突然醒悟过来，她擦了擦眼角的泪水，坐上驶向昆明的马车，在旅途中教孩子们识字、画画。虽然命运有时候会暴露它的不公平，但是我们绝不能向它低头，否则只能接受厄运永远的嘲笑。

短暂的平静

马车终于到达了昆明，这里四季如春，到处一片鸟语花香，空气清新，蔚蓝的天空清澈明朗，闻不到刺鼻的硝烟味，听不到讨厌的炮火声，林徽因和梁思成的脸上终于露出一丝宽慰的笑容。

1938 年 1 月，林徽因一家住进翠湖巡津街前市长的宅院中，和他们毗邻的是张奚若夫妇，巷尾住着金岳霖，没过多久，沈从文、萧乾等都赶到了昆明。那段时间里，生活似乎又回到了过去的美好之中，朋友们接二连三的拜访让小院里春意盎然。

但是此时的梁思成却因为旅途中的奔波劳累而患上了严重的颈椎病，几乎很难靠自己的力量从床上站起来。经医生诊断是扁桃体发炎所致，切除扁桃体后又诱发了牙周炎，他不得不摘除了满口的牙齿，希望借此缓解痛苦。他靠着自己坚韧的毅力，经过1个月的休养和康复之后，终于从床上爬了起来。

梁思成起床之后，小院变得更加热闹，这里又成为大家聚会之处。林徽因的弟弟林恒当时就读于昆明航校，离得很近，所以他也成了这里的常客。林恒的到来让孩子们倍感欣喜，他们在院子里撒开了欢儿，到处一片欢声笑语。

林徽因看看嬉戏打闹的孩子们，再看看此刻聚集在自己家中的好友们，比任何时候都更珍惜这来之不易的安静。她仍然保留着读书写诗的习惯，但是此时她的文章风格已偏向记事。比如邻居那个做工匠的张大爹，他的脸蛋总是红红的，身上散发着一股酒香气，闲来无事的下午，林徽因会带着自己的宝宝一起到张大爹铺子前，看他锤锤打打，泡上一壶清香小茶，把此时的心情记录下来。

张大爹临街的矮楼半藏着，半挺着，立在街头，
瓦覆着它，窗开一条缝，
夕阳染红它，如写下古远的梦。
矮墙上长点草，也结过瓜，
破石子路在楼前，无人种花，
是老坛子，瓦罐，大小的相伴；
尘垢列出许多风趣的零乱。

但张大爹走过，不吟咏它好；

大爹自己（上年纪了）不相信古老。

他拐着杖常到隔壁沽酒，

宁愿过桥，土堤去看新柳！

时间总是在快乐中匆匆溜走。

没过几天，一件喜事传入小院之中，当年的《大公报》疑因报道不实信息被停刊，7 月，萧乾接到胡霖从香港发来的电报，《大公报》拟在香港复刊，邀请萧乾去香港帮忙，支持此刊物的发行。此外，营造学社的其他几位成员也陆续赶到了昆明，原本大家就有勘察国内所有建筑的想法，如今来到了山清水秀的昆明，林徽因觉得此时是恢复营造学社的良机。

经过林徽因一段时间的悉心照顾，梁思成的身体状况逐渐好转，一行人等继续开始了考察工作，林徽因和刘致平负责留守、整理相关资料，在几个人的配合下，营造学社开始有条不紊地运转起来。这也是梁思成等人出行最久的一次考察。1940 年春节前夕，历时 6 个月的考察结束，一伙人才开始返程。

亲人之间短暂的相处带来的快乐很快因为房子的拥挤而变得尴尬。梁思成和林徽因决定建一座房子。虽然当时两人的手头很是拮据，可还是尽其所能将这三间房子建造得更加完美，一砖一瓦、一木一钉，都倾注了两个人的心血。三个月后，房子建好了，家里的上上下下都因为要搬入新家而露出灿烂的笑容。

这所房子几乎花掉了林徽因和梁思成所有的积蓄，远在重庆的好朋友知道这件事后，专门给林徽因寄来了一张一百元支票，希望能帮她度过眼前的困境。在炮火连天的战争岁月里，这样的友情是十分珍贵的。

这里住着北京的友人和营造学社的成员们，以及当初林徽因和梁思成路过晃县时救林徽因于危难之中的几个空军学员，也是昆明航校第七批的学员。背井离乡的他们视林徽因为自己的“亲姐姐”，什么事情都愿意告诉她，林徽因也会适当开导他们。这种在动荡年代血浓于水的感情是一般人无法想象的。林徽因在这些年轻人身上看到了保家卫国的远大抱负和想在天空中与日军决一死战的决心。

人这一生当中，经历困苦和磨难尚且不会太放在心上，可是在收到亲人、朋友离世的消息时便会心如刀绞。那些和自己一起经历过风风雨雨的人是更值得珍惜和心疼的。这几名飞行员相继在战争中牺牲，有的被敌机直接击中，不幸身亡；有的在弹尽粮绝后，拼尽最后一点儿力气，将飞机狠狠地撞向敌人；还有的被敌人击中，受伤后机毁人亡。他们的信件、遗物被一件件送到林徽因面前，她悲伤得不能自已，他无法相信这些还不到 20 岁的小伙子永远地从这个世界离开了。

梁从诫在《回忆我的母亲林徽因》中曾写道，“因为这些飞行员的亲人在敌占区，他们阵亡后，私人遗物便寄到我家。每次母亲都要哭一场。”梁思成看着自己的妻子伤心欲绝，便偷偷将其他人去世的信件留了下来，几个年轻人全部在战争中罹难。

虽然还未完全从悲伤之中走出来，可生活还要继续下去，房子虽然建造好了，可生计却成了问题，靠朋友们的救济显然支撑不了多久。1940 年，在傅斯年和李济的帮助下，梁思成的史语所通信研究员转为兼职研究员，全家随着梁思成的工作转移到四川。

即将要离开这座自己建造的、居住了三年多的房子，林徽因的内心满是不舍，历经动荡波折才知道平静的弥足珍贵，但是转眼间，他们又要离开这个给自己平静生活的地方了。

乱世中的磨难

1940 年 11 月 29 日，伴随着稀稀落落的雪花，一家人踏上了去四川李庄的路途。由于沿途并不顺畅，梁思成的脚受伤了，而且染上了破伤风，再不进行治疗可能会截肢。经过两人的思考和商量，林徽因决定先带孩子们赶到四川，等梁思成的伤好点儿之后，再到四川与他们会合。

一路上，林徽因见到了太多太多因战乱而受伤、患病的人，为了躲避日本军的轰炸与搜捕，林徽因带大家在宜宾防空洞中躲了 2 天，12 月 13 日上午才到达李庄，梁思成于一周之后到达此地。在这个战争年代，到处都是战火和灾难，一转身就可能是一辈子的离别。

偏僻的小村庄里还过着原始的生活，茅屋、耕牛、细沙……到处是一片淳朴、干净、祥和，美得让人心动。

伴随着袅袅的炊烟升起，一群知识分子下地农耕体验古老文化，也是一件乐事，大家在自嘲中不忘事业，在苦涩中品味那一丝清甜。

林徽因消瘦的身躯在病痛的折磨中日渐纤弱，终日的奔波让这副美丽的身躯只剩下一副躯壳，她病恹恹地躺在病床上，病情严重时，眼中噙满泪水却什么都说不出来。四川的气候潮湿、阴冷，木板和泥巴没能挡住寒气的侵袭，林徽因的肺结核复发，而且比以往更严重。

在这个交通不便的村落之中，由于地势而让敌人无法入侵，可同时也挡住了外界医生的脚步。梁思成找不到愿意前来给林徽因看病的大夫，尤其是肺结核这种慢性病，并没有什么特效治法，只能慢慢调养，没办法，梁思成只好自学起护理方法，亲自给林徽因打针、采药、煎药，这个曾经集万千宠爱于一身的梁家长子已经被岁月磨炼成一个无所不能的人。

1940 年，因为旱灾而导致李庄的土地上颗粒无收，又因为市场紊乱，资本家哄抬物价，四川的物价瞬间涨了好几番。而且当时的国民政府发出新通告：国难期间薪水 60 元以下者照发，60 元以上者暂支 60 元，也就是说，梁思成只能拿到原工资十分之一的薪水。让林家一下子陷入了惨淡的境地之中。林徽因的其他朋友也纷纷陷入绝境，傅斯年每天只能吃一顿饭，他说：“此一职业，在战前颇为舒服，今日收入，几夷为皂隶，弟亦如此也。”到处一片民不聊生的景象。

梁思成除了要照顾林徽因还要照顾孩子和岳母，偶尔还必须对弟弟们施以援手，每次的工资大部分都用于买药，实在不够用只能典当自己的物品。店铺老板看着他的表情也从一开始的炽热逐渐转为冷淡，通货膨胀如同凶猛的野兽，似乎想要吞掉眼前的一切。梁再冰回忆起那段岁月时仍觉得心酸不已：

“四川气候潮湿，冬季常阴雨绵绵，夏季酷热，对父亲和母亲的身体都很不利。我们的生活条件比在昆明时更差了。两间陋室低矮、阴暗、潮湿，竹篾抹泥为墙，顶上席棚是蛇鼠经常出没的地方，床上又常出现成群结队的臭虫，没有自来水和电灯，煤油也须节约使用，夜间只能靠一两盏菜油灯照明。

我们入川后不到一个月，母亲肺结核症复发，病势来得极猛，一开始就连续几周高烧至四十度不退。李庄没有任何医疗条件，不可能进行肺部透视检查，当时也没有肺病特效药，病人只能凭体力慢慢煎熬。从此，母亲就卧床不起了。尽管她稍好时还奋力持家和协助父亲做研究工作，但身体日益衰弱，父亲的生活担子因而加重。

更使父亲伤脑筋的是，此时营造学社没有固定经费来源。他无奈只得年年到重庆向‘教育部’请求资助，但‘乞讨’所得无几，很快地就会为通货膨胀所抵销。抗战后期物价上涨如脱缰之马，父亲每月薪金到手后如不立即去买油买米，则会迅速化为废纸一堆。食品愈来愈贵，我们的饭食也就愈来愈差。母亲吃得很少，身体日渐消瘦，后来几乎不成人形。

为了略微变换伙食花样，父亲在工作之余不得不学习蒸馒头、煮饭、做菜、腌菜和用橘皮做果酱等。家中实在无钱可用时，父亲只得到宜宾委托商行去当卖衣物，把派克钢笔、手表等‘贵重物品’都‘吃’掉了。父亲还常开玩笑地说：把这只表‘红烧’了吧！这件衣服可以‘清炖’吗？”

足见当时林家的困难程度，已经到了穷困潦倒的境地。然而不幸并未因此而停止，梁思成的弟弟梁思永不幸也患上了肺结核，“祸兮，福之所倚，福兮，祸之所伏”，由于经常照顾林徽因，梁思成已经有了丰富的护理经验，所以梁思成格外关注自己的这个小弟弟。梁思成在给梁思庄写信时曾提及梁思永的情况：三哥到此之后，原来还算不错，但今年二月间，亦大感冒，气管炎许久不好，突然转为肺病，来势异常凶猛，据医生说是所谓gallopingT.B.(奔马痨，一种肺病)，好几次医生告诉critical(病情危急)，尤其是旧历端阳那天，医生说anything may happen anytime(随时可发生意外)。形势异常危急，把我骇的手足无措。其实也因二嫂已病了一年，医疗看护方面都有了些经验，所以三哥占了这一点儿便宜。幸喜天不绝人，竟度过了这难关，至六月中竟渐渐恢复常轨……

因病躺在床上许久的林徽因站起身子，望着窗外的嫩黄景色，露出了苦涩的笑容。虽然日本人端着尖刀走进了中国的国土之上，刺刀刺入中国人的身躯，林徽因也并未因此而退缩。

1942 年，梁思成受国立编译馆委托，重新编写《中国建筑史》。这是林徽因长久以来的夙愿。得知此消息后，林徽因开始疯狂地为梁思成收集建筑资料，想帮梁思成尽快完成任务。梁思成一家逃到李庄避难时，大量资料被烧毁，林徽因看都没看损失的大半财产，却眼泪汪汪地看着数以万计的照片、记录的草纸。

虽然林徽因一直以一个女强人的模样出现在众人眼前，就好像她不会伤心、不会受伤，可是面对自己辛辛苦苦收集来的资料，她还是忍不住哭出了声，虽然只是呜咽，却仍然牵动了梁思成的心。为了保护这些珍贵资料，梁思成甚至将一个月的家用花在天津英租界的英资银行，给这些资料租了个地下保险库，原本以为会万无一失，哪知 1939 年夏天，天津遭遇了百年难遇的大暴雨，城市瞬间被洪水颠覆，雨水浸入千家万户，也包括那个地下保险库。所有的资料顷刻间被销毁！这场突如其来的灾难对林徽因和梁思成而言是沉重一击，但是在林徽因的鼓励下，两人并没有放弃。为了防止剩余的资料被破坏，梁思成决定加快撰写《中国建筑史》，他联合刘郭桢、莫宗江、刘致平、陈明达等几位同志共同协商、着手整理营造社几年的调查成果，为新书做准备。

无数个漆黑的夜晚，破旧的打字机，林徽因和梁思成轮番在这台打字机上进行编写、修改和校正，终于打印出了《中国建筑史》。

梁思成曾经说过："内子林徽因在本书上为我分担的工

作除结论外，自开始至脱稿，以后数次的增修删改，在照片之摄制及选择，图版之分配上，我实指不出彼此分工区域，最后更校读增削。所以至少说她便是这书一半的著者才对。”在林徽因的心中，没有什么比怀揣梦想更重要，也正是这个梦想，支持着她在病重时爬起来修改草稿、整理资料，让自己在有限的生命里充分发光、发热。

战争中受伤的人

林徽因在给费慰梅写信的时候叙述起了自己在李庄的生活："使我烦心的事比以前有些恶化，尤其是膀胱部位的剧痛，可能已经很严重。”但是她的工作是有期限要求的，她在写作中的民居建筑方面的文章要登载在营造学社的《汇刊》第 7 卷第 2 期上。

听说林徽因病了，费慰梅决定带丈夫费正清前来探望。这对夫妇已经离开北平有七年多了，从 1935 年的圣诞到 1942 年的 9 月 26，两个好朋友虽然一直有书信往来，可却从未再见过面，内心之中的喜悦溢于言表。

当时的费正清在中央研究院社会科学研究所所长陶孟的陪同下，搭乘江陵的小火轮，历时 4 天的时间才到达李庄。掀开帘子，费慰梅简直无法相信，躺在病床上的人就是“太太客厅”里那个让人瞩目的焦点，那个侃侃而谈的灵动少女林徽因，费慰梅的眼泪顿时流了下来。

费正清将费慰梅和林徽因相处几天的情形记录了下来，收进《费正清对华回忆录》里：“梁家的生活仍像过去一样始终充满着错综复杂的情况，如今生活水准下降，使原来错综复杂的关系显得基本和单纯了。首先是佣人问题。由于工资太贵，大部分佣人都只得辞退，只留下一名女仆，虽然行动迟钝，但性情温和，品行端正，为不使她伤心而留了下来。这样，思成就只能在卧病于床的夫人指点下自行担当大部分煮饭烧菜的家务事。其次是性格问题。老太太（林徽因的母亲）有她自己的生活习惯，抱怨为什么一定要离开北平；思成喜欢吃辣的，而徽因喜欢吃酸的，等等。第三是亲友问题。我刚到梁家就看到已有一位来自叙州府的空军军官，他是徽因弟弟的朋友（徽因的弟弟也是飞行员，被日军击落）。在我离开前，梁思庄（梁思成的妹妹）从北京燕京大学，经上海、汉口、湖南、桂林，中途穿越日军防线，抵达这里，她已有五年没有见到亲人了。

林徽因非常消瘦，但在我做客期间，她还是显得生气勃勃，像以前一样，凡事都由她来管，别人还没有想到的事，她都先行想到了。每次进餐，都吃得很慢；餐后我们开始聊天，趣味盎然，兴致勃勃，徽因最为健谈。傍晚五时半便点起了蜡烛，或是类似植物油灯一类的灯具，这样，八时半就上床了。没有电话，仅有一架留声机和几张贝多芬、莫扎特的音乐唱片；有热水瓶而无咖啡；有许多件毛衣但多半不合身；有床单但缺少洗涤用的肥皂；有钢笔、铅笔但没有供书写的纸张；有报纸但都是过时的。你在这里生活，其日常生活就像在墙壁上挖一个洞，拿到什么用什么，别的一无所想，结果便是过着一种听凭造化的生活。

我逗留了一个星期，其中不少时间是由于严寒而躺在床上。我为我的朋友们继续从事学术研究工作所表现出来的坚韧不拔的精神而深受感动。依我设想，如果美国人处在此种境遇，也许早就抛弃书本，另谋门道，改善生活去了。但是这个曾经接受过高度训练的中国知识界，一面接受了原始纯朴的农民生活，一面继续致力于他们的学术研究事业。学者所承担的社会职责，已根深蒂固地渗透在社会结构和对个人前途的期望中间。如果我的朋友们打破这种观念，为了改善生活而用业余时间去做木工、泥水匠或铅管工，他们就会搞乱社会秩序，很快会丧失社会地位，即使不被人辱骂，也会成为人们非议的对象。”

几天之后，费正清夫妇回到重庆，可林徽因的现状让他们久久不能平静，费正清想要劝说林徽因放弃在建筑学上的坚持，陶孟和也开始劝林徽因去兰州治病，费慰梅希望出资帮助林徽因去美国治病。林徽因虽然感激朋友们的好意，却都笑着回绝了，《中国建筑史》是她毕生的心血，它已经深深烙印在自己的心里，她绝对不能放弃！

1946 年 1 月，林徽因在给费慰梅回信时说到了回绝他们盛情邀请的原因：“正因为中国是我的祖国，长期以来我看到它遭受这样那样的罹难，心如刀割。我也在同它一道受难。这些年来，我忍受了深重的苦难。一个人毕生经历了一场接一场的革命，一点儿也不轻松。正因为如此，每当我察觉有人把涉及千百万人生死存亡的事等闲视之时，就无论如何也不能饶恕他……我作为一个‘战争中受伤的人’，行动不能自如，心情有时很躁。我卧床等了四年，一心盼着这个‘胜利日’。接下去是什么样，我可没去想。我不敢多想。”

看着窗外淅淅沥沥的小雨坠入海中，林徽因彻夜难眠，她突然想起因空难而去世的三弟林恒，今天是他的三周年祭日，她听着窗外滴答在树叶上的雨声，想着让人心痛的往事。时间似乎将林恒永远定格在二十三岁的年纪，他生前曾多次和林徽因抱怨，说他的飞机很是笨拙，无法肆意翱翔在高空之中。朋友们聚在一起的时候，他也会经常用模型一遍遍演示各种战斗情形，他的努力让他取得了全校第二的好成绩，他终于可以开着自己的飞机翱翔于天空之中。

可是，直到有一次，林徽因连续三个月都没收到林恒的信，她心中产生了不祥的预感，打听消息的梁思成从重庆回来后，他那沉重的表情已经说明了一切，林徽因瞬间瘫坐在门槛上。转眼之间，三年已经过去了，林徽因怀着巨大的悲痛挣扎着起身坐到书桌前，一气呵成，写下了悼念林恒的诗——《哭三弟恒》。

弟弟，我没有适合时代的语言
来哀悼你的死；
它是时代向你的要求，
简单的，你给了。
这冷漠简单的壮烈是时代的诗

这沉默的荣耀是你。

倘若在这不可免的真实上
多给了悲哀，我想呼喊，
那是——你自己也明了——
由于你走得太早，
太早了，弟弟，难为你的英勇，
机械的落伍，你的时机太惨！

三年了，你阵亡在成都上空，
这三年的时间所做成的不同，
假如我向你说来，你别悲伤，
由于多半不是我们老国，
而是别人在时代中碾动，
我们灵魂流血，炸成了窟窿。

我们已有了盟友、物资同军火，
正是你所过去希望过。
我记得，记得当时我怎样同你
讨论又讨论，点算又点算，
每一天你是那样耐性地等着，
每天却空的过去，慢得像骆驼！

如今驱赶机已非当日你最理想
驾驶的“老鹰式七五”那样——

那样笨，那样慢，啊，弟弟不要伤心，
你已做到你们所能做的，
别说是谁误了你，是时代无法权衡，
中国还要上前，黑夜在等天亮。

弟弟，我已用这许多不美丽言语
算是诗来追悼你，
要置信我的心多苦，喉咙多哑，
你永不会回来了，我知道，
青年的热血做了科学的代替；
中国的悲怆永沉在我的心底。

啊，你别忧伤，忧伤了我给不出安慰。
我曾每日那样想过了几回：
你已给了你一切的，同你去的弟兄
也是一样，献出你们的生命；
已有的年轻一切；将来还有的时机，
能够的壮年任务，老年的智慧；

能够的情爱，家庭，儿女，及那一切
生的权益，喜悦；及生的纠纷！
你们给的真多，都为了谁？你置信
今后中国多少人的幸福要在
你的前头，比自己要紧；那不朽
中国的历史，还需求在世上永世。

你置信，你也做了，最后一切你交出。

我既完全明白，为何我还为着你哭？

只因你是个孩子却没有留什么给自己，

小时我盼着你的幸福，战时你的安全，

今日你没有儿女挂念需求抚恤同安慰，

而万千国人像已忘掉，你死是为了谁！

风和雨的夜晚终将会结束，我们会记住那份永不落幕的辉煌。

殚精竭虑

《中国建筑史》的编撰倾注了林徽因和梁思成的毕生心血。为了可以尽早完工，林徽因不顾病体残躯，终日伏在打字机前，终于写下了千古流传的史书。可是她的病情却越发的严重，常常大口大口咯血，面色苍白得如同纸一般。梁思成的腰椎病也更加严重，复发的次数越来越多，身体已经开始向一边倾斜，写作时甚至需要用塑料瓶来撑下巴，以缓解腰部的重量，减轻疼痛。

虽然如此，两人仍旧废寝忘食地工作着，想尽早把书写完，梁思成在《图像中国建筑史》的前言中提到："最后，我要感谢我的妻子、同事和旧日的同窗林徽因。二十多年来，她在我们共同的事业中不懈地贡献着力量。从大学建筑系求学的时代起，我们就互相为对方作‘苦力活’。以后，在大部分的实际调查中，她又与我做伴，有过许多重要的发现，并对众多的建筑物进行过实测与草绘。近些年，她虽然罹重病，却仍保持天赋的机敏与坚毅。在战争时期的艰难日子里，营造学社的学术精神和士气得以维持，主要应归功于她。没有她的合作与启迪，无论是本书的撰写，还是我对中国建筑的任何一项研究工作，都是不可能成功的。”

梁思成用自己的方式向妻子表示感谢，他对这个为建筑行业献身的女人表现出了自己的崇高敬意。《中国建筑史》完成之后，两个人决定先到重庆看病，随后赶往昆明和老朋友们聚一聚。可是不知道为什么，有了闲暇的时间之后林徽因的病情反而比以前更重了。

在一家教会的医院里，梁思成被医生偷偷拽到了一边，他告诉梁思成：“现在来已经太晚了，林女士的肺部已经成了空洞，无法医治了。”这个消息如晴天霹雳一般击在梁思成身上，瞬间将他击倒在椅子上，他万万没想到，林徽因的病已经严重到如此地步。虽然窗外艳阳高照，可是梁思成却觉得自己此刻仿佛掉入无尽的冰窟之中，因为他知道，林徽因陪不了自己多久了。

曾经，我一直以为能和你一起携手到白头，以为我们可以一起游览祖国的大好河山，共同研究建筑更深层次的意义，只可惜，一切都已经变成了我自己脑海中的遐想，此刻的我，只能看着你的生命静静流淌。

梁思成并没有将林徽因的病情告知她，他不想因为医生的诊断而影响林徽因的心情，两人一同来到昆明。回到昆明之后，便和张奚若、钱端升夫妇、老金等人相聚，朋友间的相聚让林徽因苍白的小脸上终于露出一丝血色，得知林徽因到来，朋友们都非常开心，几个人围在她的床前叙说了分离之后发生的故事，虽然她已经被病痛折磨得消瘦得不成样子，可是遇到自己感兴趣的话题仍然会高谈阔论地说出自己的见解。她还在和费慰梅的书信中叙述了和朋友们的相聚的情况：

“我终于又来到了昆明！我来这里是为三件事，至少有一桩总算彻底实现了。你知道，我是为了把病治好而来的。其次，是来看看这个天朗气清、熏风和畅、遍地鲜花、五光十色的城市。最后并非最无关紧要的，是同我的老朋友们相聚，好好聊聊。前两个目的还未实现，因为我的病情并未好转，甚至比在重庆时更厉害了——一到昆明我就卧床不起。但最后一桩我享受到的远远超过我的预想。几天来我所过的是真正舒畅而愉快的日子，是我独自住李庄时所不敢奢望的。

我花了 11 天的工夫才充分了解到，处于特殊境遇的朋友们在昆明是怎样生活的，这些加深了我们久别后相互之间的了解。没用多少时间，彼此之间的感情就重建起来，并加深了。我们用了两天的时间交谈了各自的生活状况、情操和思想，也畅叙了各自对国家大事的看法，还谈了各自的家庭经济，以及前后方个人和社会状况。尽管谈得漫无边际，我们几个人（张奚若、钱端升、老金和我）之间，也总有着一股相互信任和关切的暖流。更不用说，忽然能重聚的难忘的时刻，所给予我们每个人的喜悦和激奋。”

在朋友的关怀之中，林徽因突然感觉周围的空气都温暖了很多。虽然梁思成并没有告诉她她的真实病情，可是自己的身体，自己哪能不清楚，疼痛的时间越来越长了，胸口如同被撕裂开的感觉时刻侵袭着她，有时候她甚至因为疼痛而咬破嘴唇。虽然时常有生不如死的感觉，可她仍然没有忘记自己的挚友——徐志摩，在病中写下他逝世四周年的文章：

“今天是你走脱这世界的四周年！朋友，我们这次拿什么来纪念你？前两次用香花感伤地围上你的照片，抑住嗓子底下的叹息和悲哽，朋友和朋友无聊地对望着，完成一种纪念的形式，俨然是愚蠢的失败。因为那时那种近于伤感，而又不够宗教庄严的举动，除却点明了你和我们中间的距离，生和死的间隔外，实在没有别的成效；几乎完全不能达到任何真实纪念的意义。

去年今日我意外的由浙南路过你的家乡，在昏沉的夜色里我独立火车门外，凝望着那幽暗的站台，默默地回忆许多不相连续的过往残片，直到生和死间居然幻成一片模糊，人生和火车似的蜿蜒一串疑问在苍茫间奔驰。我想起你的：火车擒住轨，在黑夜里奔过山，过水，过……如果那时候我的眼泪曾不自主地溢出睫外，我知道你定会原谅我的。你应当相信我不会向悲哀投降，什么时候我都相信倔强的忠于生的，即使人生如你底下所说：

就凭那精窄的两道，算是轨，驮着这份重，梦一般的累赘！就在那时候我记得火车慢慢的由站台拖出一程一程的前进，我也随着酸怆的诗意，那‘车的呻吟’，‘过荒野，过池塘，……过噤口的村庄’。到了第二站——我的一半家乡。

今年又轮到今天这一个日子！世界仍旧一团糟，多少地方是黑云布满粗着筋络望理想的反面猛进，我并不在瞎说，当我写：信仰只一细炷香，那点子亮再经不起西风，沙沙的隔着梧桐树吹，朋友，你自己说，如果是你现在坐在我这位子上，迎着这一窗太阳：眼看着菊花影在墙上描画作态；手臂下倚着两叠今早的报纸；耳朵里不时隐隐地听着朝阳门外“打靶”的枪弹声；意识的，潜意识的，要明白这生和死的谜，你又该写成怎样一首诗来，纪念一个死别的朋友?

此时，我却是完全的一个糊涂！习惯上我说，每桩事都像是造物的意旨，归根都是运命，但我明知道每桩事都像有我们自己的影子在里面烙印着！我也知道每一个日子是多少机缘巧合凑拢来拼成的图案，但我也疑问其间的排布谁是主宰。据我看来：死是悲剧的一章，生则更是一场悲剧的主干！我们这一群剧中的角色自身性格与性格矛盾；理智与情感两不相容；理想与现实当面冲突，侧面或反面激成悲哀。日子一天一天向前转，昨日和昨日堆垒起来混成一片不可避脱的背景，做成我们周遭的墙壁或气氲，那么结实又那么缥缈，使我们每一个人站在每一天的每一个时候里都是那么主要，又是那么渺小无能为力!

此刻我几乎找不出一句话来说，因为，真的，我只是个完全的糊涂；感到生和死一样的不可解，不可懂。

但是我却要告诉你，虽然四年了你脱离去我们这共同活动的世界，本身停掉参加牵引事体变迁的主力，可是谁也不能否认，你仍立在我们烟涛渺茫的背景里，间接的是一种力量，尤其是在文艺创造的努力和信仰方面。间接的你任凭自然的音韵，颜色，不时的风清月白，人的无定律的一切情感，悠断悠续的仍然在我们中间继续着生，仍然与我们共同交织着这生的纠纷，继续着生的理想。你并不离我们太远。你的身影永远挂在这里那里，同你生前一样的心旋转。

说到您的诗，朋友，我正要正经地同你再说一些话。你不要不耐烦，这话迟早我们总要说清的。人说盖棺定论，前者早已成了事实，这后者在这四年中，说来叫人难受，我还未曾谈到一篇中肯或诚实的论评，虽然对你的赞美和攻讦由你去世后一两周间，就纷纷开始了。但是他们每人手里拿的都不像纯文艺的天平；有的喜欢你的为人；有的疑问你私人的道德；有的单单尊崇你诗中所表现的思想哲学；有的仅喜爱那些软弱的细致的句子；有的每发议论必须牵涉到你的个人生活之合乎规矩方圆，或断言你是轻薄，或引证你是浮奢豪侈！朋友，我知道你从不介意过这些，许多人的浅陋老实或刻薄处你早就领略过一堆，你不止未曾生过气，并且常常表示怜悯同原谅；你的心情永远是那么洁净；头老抬得那么高；胸中老是那么完整的诚挚；臂上老有那么许多不折不挠的勇气。但是现在的情形与以前却稍稍不同，你自己既已不在这里，做你朋友的，眼看着你被误解，曲解，乃至于谩骂，有时真忍不住替你不平。但你可别误会我心眼儿窄，把不相干的看成重要，我也知道误解曲解谩骂，都是不相干的，但是朋友，我们谁都需要有人了解我们的时候，真了解了我们，即使是痛下针砭，骂着了我们的弱处错处，那整个的我们却因而更增添了意义，一个作家文艺的总成绩更需要一种就文论文，就艺术论艺术的和平判断。

你在《猛虎集》序中说‘世界上再没有比写诗更惨的事，’你却并未说明为什么写诗是一桩惨事，现在让我来个注脚好不好？我看一个人一生为着一个愚诚的倾向，把所感受到的复杂的情绪尝味到的生活，放到自己的理想和信仰的锅炉里烧炼成几句悠扬铿锵的语言，（哪怕是几声小唱），来满足他自己本能的艺术冲动，这本来是个极寻常的事，那一个地方那一个时代，都不断有这种人。轮着做这种人的多半是为着他情感来的比寻常人浓富敏锐，而为着这情感而发生的冲动更是非实际的——或不全是实际的——追求。而需要那种艺术的满足而已。说起来写诗的人的动机多么简单可怜，正是如你序里所说‘我们都是受支配的善良的生灵’！虽然有些诗人因为他们的成绩特别高厚旷阔包括了多数人，或整个时代的艺术和思想的冲动，从此便在人中间披上神秘的光圈，使“诗人”两字无形中挂着崇高的色彩。这样使一般努力于用韵文表现或描画人在自然万物相交错的情绪思想的，便被人的成见看作夸大狂的旗帜需要同时代人的极冷酷的讥讪和不信任来扑灭它，以挽救人类的尊严和健康。

我承认写诗是惨淡经营，孤立在人中挣扎的勾当，但是因为我知道太清楚了。你在这上面单纯的信仰和诚恳的尝试，为同业者奋斗，卫护他们情感的愚诚，称扬他们艺术的创造自己从未曾求过虚荣，我觉得你始终是很逍遥舒畅的。如你自己所说‘满头血水’你‘仍不曾低头’，你自己相信‘一点儿性灵还在那里挣扎’，‘还想在实际生活的重重压迫下透出一些声响来’。

简单地说，朋友，你这写诗的动机是坦白不由自主的，你写诗的态度是诚实、勇敢而倔强的。这在讨论你诗的时候，谁都先得明了的。至于你诗的技巧问题，艺术上的造诣，在几乎没有一定的定义时代，转入这讨论外形内容，以至于音节韵脚章句意象组织等艺术技巧问题的时期，即是根据着对这方面努力尝试过的那一些诗，你的头两个诗集子就是供给这些讨论见解最多材料的根据。外国的土话说‘马总得放在马车的前面’，不是？没有一些尝试的成绩放在那里，理论家是不能老在那里发一堆空头支票的，不是？

你自己一向不止在那里倔强地尝试用功，你还曾用尽你所有活泼的热心鼓励别人尝试，鼓励‘时代’起来尝试，——这种工作是最犯风头嫌疑的，也只有你胆子大头皮硬顶得下来！我还记得你要印诗集子时我替你捏一把汗，老实说还替你在有文采的老前辈中间难为情过，我也记得我初听到人家找你办晨副时我的焦急，但你居然板起个脸抓起两把鼓锤子为文艺吹打开路乃至于扫地，铺鲜花，不顾旧势力的非难，新势力的怀疑，你干你的事‘事在人为，做了再说’那股子劲，以后别处也还很少见。

现在你走了这些事渐渐在人的记忆中模糊下来，你的诗和文也散漫在各小本集子里压在有极新鲜的封皮的新书后面，谁说起你来，不是麻麻糊糊的承认你是过去中一个势力，就是拿能够挑剔看轻你的诗为本事（散文人家很少提到，或许‘散文家’没有诗人那么光荣不值得注意）朋友，这是没法子的事，我却一点儿不为此灰心，因为我有我的信仰。

我认为我们这写诗的动机既如前边所说那么简单愚诚；因在某一时，或某一刻敏锐地接触到生活上的锋芒，或偶然地触遇到理想峰巅上云彩星霞，不由得不在我们所习惯的语言中，编缀出一两串近于音乐的句子来，慰藉自己，解放自己，去追求超实际的真美，读诗者的反应一定有一大半也和我们这写诗的一样诚实天真，仅想在我们句子中间由音乐性的愉悦，接触到一些生活的底蕴渗和着美丽的憧憬；把我们的情绪给他们的情绪搭起一座浮桥，把我们的灵感，给他们生活添些新鲜；把我们的痛苦伤心再揉成他们自己忧郁的安慰！

我们的作品会不会长存下去，也就看它们会不会活在那一些我们从不认识的人，我们作品的读者，散在各时，各处互相不认识的孤单的人的心里的，这种事它自己有自己的定律，并不需要我们的关心的。你的诗据我所知道的，它们仍旧在这里浮沉流落，你的影子也就浓淡参差的系在那些诗句中，另一端印在许多不相识人的心里。朋友，你不要过于看轻这种间接的生存，许多热情的人他们会为着你的存在，而加增了生的意识的。伤心的仅是那些你最亲热的朋友们和同兴趣的努力者，你不在他们中间的事实，将要永远是个不能填补的空虚。

你走后大家就提议要为你设立一个‘志摩奖金’来继续你鼓励人家努力诗文的素志，勉强象征你那种对于文艺创造拥护的热心，使不及认得你的青年人永远对你保存着亲热。如果这事你不觉到太寒伧不够热气，我希望你原谅你这些朋友们的苦心，在冥冥之中笑着给我们勇气来做这一蠢诚的事吧。”

新生活的开端

战争结束的消息终于传到了昆明，听到这个好消息的人们彻底沸腾了，日本侵华战争给每个中国人的内心都蒙上了阴影，那种逃亡的生活消耗了人们所有的热情，战争终于结束了，人们终于可以喘一口气好好安个家享受一下天伦之乐了。

梁思成扶着林徽因，此刻两人的眼中满是泪水，战争终于结束了，终于可以过上平静的生活了，新生活在朝着他们招手，南京教育部指令梁思成创建清华大学建筑系并担任系主任，并委派他赴美考察战后的美国建筑教育。与此同时，他还收到了美国耶鲁大学和普林斯大学的邀请，到美国做访问学者。这几个消息让梁思成非常开心，可开心过后，他突然想到了林徽因的身体状况，如今，她已经不能再随他同行了，而且他离开了，也没有人能继续照顾林徽因。

林徽因对梁思成的担忧心知肚明，她鼓励梁思成要为中国建筑业做贡献。1946 年 6 月，林徽因和梁思成一同回到北平，同年 8 月，梁思成踏上从北平经上海到美国的征程。林徽因与孩子们相守于清华大学新林院 8 号，橙色的砖墙，灰色的砖瓦，庭院中仍旧是几年前茂密的绿植，这里的一切都让她觉得十分惬意。而且，金岳霖和其他几个朋友也都住在附近，朋友们相互之间有个照应。

林徽因静静地坐在桌子旁，回想着过往的一切，她突然想到了海明威的形象，他笔下的老人圣地亚哥就是那个时代的悲剧。圣地亚哥是个独自坐在海中漂流捕鱼的老头，他的脸上爬满了皱纹，可他眼中的蓝色却在不停地跳跃。圣地亚哥从海边打鱼，四十天都没什么收获，连十几岁的小朋友都收获满满地回家了，老人的悲壮在他硬汉的映射下显得更加悲壮。老人从不相信自己的失败，只相信自己英勇无比。林徽因陷入深深的沉思之中，她觉得自己仿佛就是那个高傲的老人，她一生都在为建筑痴狂，身上背负着为中国建筑正名的重任，这个使命和荣誉、金钱、辉煌、成败无关，只是自己内心的梦想。除了建筑方面的成就，林徽因在诗歌上也发表着自己的独特见解。她希望通过不断的研究，和年轻一代探讨，共同进步。

林徽因的生命中出现了前所未有的奇迹，她在和死神做斗争的同时还取得了一次胜利。1949 年，林徽因在新生的清华园中担任建筑系一级教授，主讲市镇设计课。清华建筑系在旧水利馆二层，最开始创办的时候仅有 20 人，如今也不过三五十人，建筑系从 1948 年开始成立市镇组，开设市政设计科，是国内最早城市规划的设计雏形。而林徽因主讲的住宅设计专题非常注重战后恢复城镇建设需求。她从阳光、水、绿荫、鲜花、林石等讲起，讲出了人与人、人与建筑、人与自然之间的情感，园林艺术的空间关系，四合院的结构等，可以说是面面俱到。

新中国成立后，梁思成担任北京市都市计划委员会副主任，受中央委托规划北京城区，他的工作变得越来越忙碌。经过了多年的战争，人们需要医治战争中所受的创伤，中央领导委托梁思成成立研究小组对北京城的规划进行研究。

林家的茶会多了很多新客人，他们大都是为北京市都市规划的人才，梁思成从外地调来的青年建筑学家——陈占祥、程应诠、朱畅中、胡允敬、汪国瑜、戴念慈等，那段时间里，大家每天聚在一起，有的时候从下午谈到深夜，聊得最多的话题就是北京规划问题。当时梁思成和陈占祥已经有北京新城的规划方案，主张将新市区移到复兴门外，把长安街西端延伸至公主坟，用西郊三里河作为新行政中心，将钓鱼台和附近湖泊组织成新绿地、公园，此方案梁思成和陈占祥联名携程《对首都建设的建议》，梁思成自费刊印递交给中央领导进行审阅。

大家在茶会上对此方案进行了热烈讨论，林徽因谈及“多核同心圆”城市、“潜在带形”城市、“集成化”城市、“星座式城市群”，还谈到柯布西埃和尼迈亚。在她看来，城市应该是美的整体，建筑不仅仅是美的形式，更应该体现着一定的思想和感情，应该能给人一种精神力量。建筑是人们的生活、活动场所，应该随人们的生活、活动的变化而变化，建筑是个审美对象，也应该顺应时代的发展和人们的审美要求而改变。

林徽因觉得北京的故宫、天坛、中海、南海、北海、颐和园、玉泉山、西山一带的风景区和修养区等名胜古迹应该用河流、林荫大道串联起来，这样就变成了一个绵延不断的公园系统，城市中的每条街道都应该成为公园的一部分。

谈及北京的古城墙时，很多人认为那些不过是废弃的建筑，拆掉了省去占地，林徽因却否定了，她觉得在城墙外修路做公园更好，不仅保护了古建筑，还利用了古建筑，它是社会文明的灵魂，象征着社会的进步。

当大家谈论得激情澎湃的时候，谁也没注意到坐在墙角的那个恬静的姑娘，她叫林洙，原籍福建闽侯，在云南长大，在上海读中学，1948 年和哥哥一起到北平投考清华大学选修班，3 年后在北京工作，林徽因病逝后，1962 年和梁思成结婚，是梁思成生活和事业上的得力助手。

平静的生活让林徽因如沐春风，她觉得自己不能浪费这大好的时光，要抓紧时间将自己的智慧统统献给中国的未来建设，她经常抱怨时光太短暂，她无法安静地躺在病床上，总是想着收集资料或是写点什么。一次偶然的机会，林徽因发现苏联窝罗宁教授的《苏联卫国战争被毁地区之重建》一书，赶忙要梁思成将此书翻译过来，这是目前中国最需要的宝贵资料。她在译者体会中写道：

“从这本书里，我们愤怒地看到了德国法西斯几番在人民苏联绝灭人性的破坏，较比日寇在中国暴行有过之无不及，曾几何时，德、日法西斯和美国法西斯强盗及其帮凶们又在我们手足之邦，向所有的城市、乡村和爱好和平英勇不屈的朝鲜人民进行同样灭绝人性的破坏和屠杀。苏中两国人民在八九年前，十余年前所面临的正与朝、中两国人民今天所面临的敌人是一模一样的。而且今天的强盗吸收了昨天的强盗的经验，是‘青出于蓝’，变本加厉的。负责重新设计平壤的朝鲜建筑师金正熙同志告诉我们，平壤今天已真正成为一片‘平壤’；将来重建平壤就同重建斯大林格勒一样艰巨。

一整个区域因为战争的破坏而发生了政治、经济、地理上的大变动时，他们就有计划地迁移整个村庄乃至市镇，使这属于区域城乡规则范围的布置更合理了。整个城市洗劫了，他们就将整个城市有计划地重建起来，且在建中修正了过去的缺点。至于个别的建筑物就更不用说了。这一切计划不只在平面上区分、筑路而且有立体上予以同样缜密的考虑；不只是关于经济的，生产的，居住的，而且是关于文化的，娱乐休息的；不只是房屋建筑的，街道桥梁和公用设备工程方面的，而且是关于山林园苑，池沼溪河，树木花草种种方面的部署的；不只蓝图和施工说明书的，而且是材料的生产、分配和运输，以及人力的组织和分配的各方面的努力。这种全面计划和组织工作就是准备期间最主要的工作。

‘重建工作必须考虑到民族传统，把它融汇到新计划之中；把它和新兴的，现代标准所需要于建筑的各方面调和起来……’。‘建筑师必须考虑到个别地区的生活的历史传统和建筑传统，在他的设计中保留一切合理的和有历史价值的，他所计划的市镇或村庄还必须构成自然地形成风景中的一部分’（第二章）。‘计划必须同时考虑到居民的习惯和苏维埃人民在文化和美感上的要求……需要建筑师做出高度艺术价值的图样，城市的整体必须与当地的地形和风景相和谐’（第四章）。由作者所举的许多实例中，我们可以看到苏联的建筑师们在重建一个市镇时如何小心翼翼地从原有基础上发展，同时又有远见地将原有不合理的、错误的加以改正和‘现代化’。

我们的中国是一个具有五千年灿烂的文化历史的国家。差不多任何一个中国的市镇都有数百年乃至数千年的文物。我们有伟大优良的都市计划传统和建筑传统；除去几个大都市外，全国所有的市镇，那就是全国百分之九十以上劳苦人民现在所正在居住的，并且所正在继续不断地建造的市镇和房屋正是遵循这伟大优良的传统建造的。但是今天中国的建筑师们，无一例外地（译者们在内）都是直接或间接由外国学来的。年长一点儿的由学习古希腊、罗马，文艺复兴开始，年轻一辈的学习资本主义理论的体系结晶，即所谓‘功能主义’（机械唯物主义）的‘现代化’或‘国际式'（世界主义式）流派。我们在这前后两种毒素中酣醉了数十年。”这本书在英国伦敦出版了7年，两人是从英文转译的。

随着天气的变冷，林徽因的病情不断加重，清华园里没有暖气，他们家的房子非常高大，四面透风梁思成只好用牛皮纸把家里的天花板和墙壁糊得严严实实的。为了保暖，屋里生了三个炉子，需要消耗大量的体力和精力。翻译工作紧张的时候，林徽因经常会熬夜加班，在这种情况下，身体状况变得更加糟糕。每次炉管不好用的时候，梁思成都会被弄得筋疲力尽，浑身都是炉灰。等到翻译工作结束的时候，已经又到了春天。

捍卫中国传统建筑

1948年年底，解放军进军北平。国民党军队负隅顽抗，企图以北平圆明园、清华园等名胜古迹作为掩护，来遏制解放军的进攻。12月13日，解放军在圆明园附近遭到国民党军队的猛烈攻击。住在清华园内的林徽因听到近在咫尺的炮声，彻夜难眠。

此时，毛泽东得知国民党的企图后，立即发了一封紧急电报给林彪和罗荣桓等解放军将领："请你们通知部队注意保护清华、燕京等学校及名胜古迹。”15日，解放军攻下海淀，解放清华。17日，毛泽东致电林彪等人：“沙河、清河、西山系主要文化古迹区，对一切原来管理人员原封不动，我军只派兵保护，派人联系。尤其注意与清华、燕京等大学教职员联系，和他们共同商量如何在作战时减少损失。”

几天之后的一个晚上，解放军十三兵团政治部联络处两位负责人在张奚若的陪同下前往梁家中，他们向梁思成、林徽因说明来意：如今部队正为进攻北平作准备，如果和傅作义和平谈判不成，只好攻城，但是要尽量保护名胜古迹，所以恳请梁思成和林徽因二人在地图上标出重要古建筑，划出禁止炮击的地区，以减少进攻过程中对古建筑的伤害。

梁思成和林徽因听到这个消息之后非常激动。他们最近正为北平古建筑是否会在战火中被毁而忧心焦虑。如今共产党领导人主动来听取他们的意见，让他们十分欣慰，“保护古建筑”一直被他们视为义不容辞的使命。紧接着，他们将两位负责人带来的军用地图摆到桌子上，用铅笔将有价值的古建筑一一划出。这是两人生平第一次和共产党的军人直接接触，让这对视古建筑为第二生命的夫妻激动得热泪盈眶。近些天来让他们辗转反侧、寝食难安的事情终于得到解决，两人心里的大石头终于落了地。

经过这件事，他们对共产党人有了全新的认识。18日，解放军第十三兵团政治部在清华大学西门张贴告示：

为布告事，查清华大学为中国北方高级学府之一，凡我军政民机关一切人员，均应按我党我军既定爱护与重视文化教育之方针，严加保护，不准滋扰，尚望学校当局及全体学生，照常进行教育，安心求学，维持学校秩序。特此布告，俾众周知！

中华民国三十七年十二月十八日

林徽因得知有此告示之后，不顾自己的身体状况，在女儿的搀扶下亲自到西门观看。1948 年 1 月，北平和平解放。林徽因、梁思成最担心的事情没有发生，北平的古建筑得以暂时保存。之后，解放军开始了解放全国的战斗。为了保护中国有价值的古建筑和各种文化遗产，共产党又派人来清华请教林徽因和梁思成，请他们把需要保护的古建筑写出来，以做参考。他们毫不犹豫地答应下来，在清华建筑系师生的帮助下，编写了《全国重要文物建筑简目》这本书。说明中还指出："本简目主要目的，在供人民解放军作战及接管时保护文物之用。"这本简目在 1946 年 6 月被华北高等教育委员会图书文物处印制，发给各路大军，对于保护和接管全国各地文物起到了很大作用。

这年春天，林徽因和梁思成让女儿梁再冰和张奚若的女儿张文英一同参加南下工作团。对于身患重病的林徽因而言，让女儿离开自己，参加革命工作，很可能意味着永远都没有机会再见了。能够如此坚决地支持女儿参加共产党领导的工作，说明了林徽因对即将诞生的新政权的支持与信任。

1949 年 10 月 1 日，毛泽东在天安门宣布中华人民共和国成立。新的时代开始了。对于这个新时代，经历了战争流亡生活的林徽因充满了期待和热爱。她说："中国'大病'了一百一十年，现在我们的病基本上已被我们最伟大的'医师'治好了。新生的中国正在向康复的大道上走。"

她还说："祖国的解放为我们全国的建筑师带来了空前的转变。我们不但忽然得到了设计成千上万的住宅、工厂、学校、医院、办公楼的机会，我们不但在一两年中所设计的房屋面积就可能超过过去半生所设计的房屋面积的总和乃至若干倍，最主要的是我们知道我们的服务对象不是别人，而是劳动人民。我们是为祖国的和平的社会主义事业而建设，也是为世界的和平建设的一部分而努力。我们集体工作的成果将是这新时代的和平民主精神的表现。"

她在介绍苏联作者写的一本书中说："作者首先告诉我们，俄罗斯人民不唯能保卫他们的祖国，而且在家乡遭受破坏之后，能迅速地重建起来；在古代如此，在苏维埃时代更是如此。这一点与中国人民保卫祖国，重建家乡的能力是完全相同的。在毛泽东时代，这能力就能更全面地发挥出来。"

林徽因将自己的一生都献给了学术和社会发展，她对一个新的和平民主的时代诉求在中国共产党人领导的新政权那儿得到了实现。当她对这个新政权的领导人和参与其中的建设者们，以及他们的社会理想有所了解后，她怀着一颗热诚的心拥抱着这个新时代。正是因为有了这种精神寄托，她才可以不顾自己的病情担任清华大学建筑系的一级教授。

在新中国成立后的几年里，每当学生来访时，林徽因就在床褥之间，“以振奋的心情为学生讲解，古往今来，对比中外，谑语雄谈，敏思遐想，使初学者思想顿感开阔。学生走后，常力气不支，卧床喘息而不能言”。

虽然和清华园中的众多活跃、进步、单纯的年轻人相比，她是一个从“旧社会”走过来的人，可是她对很多新事物和新观点也是非常感兴趣的，而且显得更为冷静和理智，他经常会根据自己的经验和知识进行恰当的判断。

当时林洙经常观看一些文工团演出，而且会将这些演出的内容告诉林徽因。据林洙回忆：“她极注意地听着，还提出一连串的问题。甚至在演出大型秧歌剧《血泪仇》时，她还准备去看，并嘱我为她留一个空位子。”但是很遗憾，当时林徽因只是走出门口几步就开始咳嗽喘息不止，只好又躺回家中。但可见林徽因的执着，只要是想知道的，她都会去看，不管是建筑、文学还是艺术，只要是为了祖国，她都不会吝惜自己。

零落成泥碾作尘

当今社会的人们迷失在物质和金钱当中，明明只有一个大脑，却深陷在很多个坑坑洼洼的小洞之中，忘记了自己最初的追求。

我们没有办法去坚定地做一件事，是因为我们想做的太多了，在这个物欲横流的年代，真的目光一次次被欲望分散，空洞的眼神将身体拉入其中，无法专心去爱，也无法专心于生计。还记得我们最初的追求吗？一个温暖的怀抱，温馨的小家，花花草草，自由静谧的生活……

新中国成立后，当萧乾再见到林徽因的时候，她已经病得很严重，却又似完全没病，满怀激情地投入到国徽设计当中。可时间的脚步总是在匆匆之间不留痕迹，陌头杨柳绿无情，徽因老了。他们的最后一次见面，是在二次文代会上。会场中，徽因远远看见萧乾，招呼他坐在自己身边。萧乾握握她的手，叫一声以往所有朋友给予她的昵称："小姐。"徽因有些感慨，语调伤感："哎呀，还小姐哪，都老成什么样子啦。"再漂亮的女人也会老去，而这也是美人难以接受又不得不接受的现实。萧乾仍然真诚地安慰道："精神不老，就永远都不会老。"

可能是知道生命即将走到尽头，林徽因已经到了忙得不要命的程度。梁从诫手头有两页母亲的残留信稿，最能见证她在建筑和美术方面的治学严谨。1953 年前后，由北京文物整理委员会编，人民美术出版社出版的《中国建筑彩画图案》，请她审稿并作“序”，她对其中彩图的效果非常不满意，写信提出了批评，其最后几段内容是：“（四）青绿的双调和各彩色在应用上改动的结果，在全梁彩色组合上，把主要的对比搅乱了。如将那天你社留给我的那张印好的彩画样干，同清宫中太和门中梁上彩画（庚子年日军侵入北京时，由东京帝国大学建筑专家所测绘的一图，两者正是同一规格）详细核对，比照着一起看时，问题就很明显。原来的构图是以较黯的青绿为两端箍头藻头的主调，来衬托第一条梁中段以朱为地，以彩色“吉祥草”为纹样的枋心，和第二条梁靠近枋心的左右红地吉祥草的两段藻头。两层梁架上就只出三块红色的主题，当中再隔开一块长而细的红色垫版，全梁青、绿和朱的对比就清清楚楚，明明白白，一点儿也不乱。从花纹的比例上看，原来的纹样细密如锦，给人的感觉非常安静，不像这次所印的那样浑圆粗大，被金和白搅得热闹嘈杂，在效果上有异常不同的表现。青绿两色都是中国的矿质颜料，它们调和相处，不黯也不跳；白色略带蜜黄，不太宽，也不突出。在另外一张彩画上看到，原是细致如少数民族边饰织纹的箍头两旁纹样，在比例上也被你们那里的艺人们在插图时放大了。总而言之，那张印样确是‘走了样’的‘和玺椀花结带’，与太和门中梁上同一格式的彩画相比，变得五彩缤纷，宾主不分，八仙过海，各显其能，聒噪喧腾，一片热闹而不知所云。从艺术效果上说，确是个失败的例子。”她的这段叙述在表述色彩和形象方面是那么准确、生动、到位！

1954年6月，林徽因当选为北京市人民代表大会代表，8月10日，《北京日报》介绍了她的简历，这年秋天，林徽因的身体实在无法抵御外面的严寒，为了方便治疗，梁思成在城中租了房子。由于一切还未准备齐全，梁思成和林徽因就搬到了陈占祥的家中，没过多久，林徽因因病情恶化住进同仁医院。

每次梁思成到医院看望林徽因的时候，他们只是默默对望，沉默不语，林徽因感觉得到，自己的生命正在渐渐消逝。她已经很久不照镜子了，她不想看到自己瘦骨嶙峋的容貌和跌跌撞撞的一生，那将会是一生之中最残酷的一幕。

护士走进病房给林徽因打针，林徽因非常喜欢这个圆脸的姑娘，她每天在病房里陪着林徽因，照顾她的饮食起居，每次打完针她都会给林徽因唱一首歌，有时候还会问林徽因：“今天我给您唱什么歌呢？”在小护士过生日那天，林徽因为她唱了一首《祝你生日快乐》，小护士这才想起今天是自己的生日。

同仁医院的医生和护士都知道医院里住着一位特殊病人，她是北京市人大代表、政协委员，同时还是著名的建筑学家和诗人。只是当时她的肺病已经到了晚期，医生也已无力回天，她将在这里度过余生。她是个坚强的女人，对于医生的治疗，不管多么痛苦，她都会很好地配合着。

后来梁思成也由于肺结核住进同仁医院，住在林徽因旁边的病房，虽然只隔着一道墙，却如同隔着万水千山，将两人硬生生地分开。梁思成没住院时还能时不时过来看看她，可如今住在自己的隔壁，却一步都不能走近。两人每天只是通过护士传递纸条的方式互相问候。

林徽因病危的通知很快发出来了，那几天，她一直发着高烧，处在弥留之际，肺部已经大面积感染，虽然经过了一番竭尽全力的抢救，可仍然没能挽留住这个旷世女奇才。

4 月 1 日上午 6 时 20 分，林徽因走完了自己 51 岁生命的历程，4 月 2 日，《北京日报》刊登讣告，治丧委员会由张奚若、周培源、钱端升、钱伟长、金岳霖等 13 人组成。

花圈和挽联上有着自己挚友们的亲笔题词，她的追悼会在金鱼胡同贤良寺举行。追悼会过后，林徽因被葬在北京八宝山革命公墓，由人民英雄纪念碑建筑委员会负责修建，将林徽因生前纪念碑设计的饰雕刻样移到了她的墓碑上，上面刻着 :“建筑师林徽因之墓”。

为了缅怀这位逝去的小姐，萧乾不无遗憾，他在《一代才女林徽因》中写道 :“现在要出版的《林徽因文集》里所收的作品，从数量上来说，同徽因从事文艺写作的漫长岁月确实是很不相称的。一方面，这是由于她一生花了不少时间去当啦啦队，鼓励旁人写；另一方面，也是因为她的兴趣广泛，文艺不过是其中之一。她在英美都学过建筑，在耶鲁大学还从名师贝克尔教授攻过舞台设计。我在她家里曾见过她画的水彩，一九三五年秋天曹禺在天津主演莫里哀的《悭吝人》时，是她担任的设计。”

1984 年，当萧乾提笔忆徽因的时候，已经从青青一学者变成了苍苍一老翁，萧乾笔触越发成熟、干练、简洁、深沉 ：“这位出身书香门第，天资禀赋非凡，又受到高深教育的一代才女，生在多灾多难的岁月里，一辈子病魔缠身，战争期间颠沛流离，新中国成立后只过了短短六年就溘然离去人间，怎能不令人心酸！”

林徽因的才气不是普通人可比拟，她有男人的胸襟抱负，也有女人的美貌温婉，既是“太太的客厅”的女主人，也是情爱纠葛大戏的女主角，只可惜芳华早逝，再完美的人也无法抵抗病魔的侵害。林徽因走了，但是她一生的作品却留给了后世，影响着后人，正所谓“零落成泥碾作尘，只有香如故”。